Success Affirmations
Jack Canfield

1週間に1つずつ
人生が変わる
自分変革宣言

ジャック・キャンフィールド 著
弓場 隆 訳

Discover

Original title : Success Affirmations

Published under arrangement with
HEALTH COMMUNICATIONS INC., Deerfield Beach, Florida, U.S.A.
Japanese language rights handled by Japan Uni Agency, Tokyo
in conjunction with Montreal-Contacts / The Rights Agency

はじめに

「現実になるといけないから、自分が何を願っているかに気をつけろ」という格言を聞いたことがあるだろう。

では、この格言に科学的根拠があることを知っているだろうか？

神経科学の研究者は、脳が目標を達成しようとする性質を持っていることを知っている。どんなアイデア、イメージ、結果を思い浮かべようと、あなたはそれを現実にすることになるのだ。もちろん、この強力な科学的現象は決して不吉な兆しではなく、想像もつかないような方法であなたの人生の全分野を改善するのに役立つ。

さらに、自分の思考を集中させ、目標を達成するプロセスを加速させるためのツールも紹介しよう。それは「宣言（アファメーション）」と呼ばれ、目標をすでに達成したかのように表現する手法をさす。

宣言とは具体的にどのようなものか？

「私は自分が建てた豪邸のベランダから美しい夕陽を見て楽しんでいる」
「私はベストセラーを出版して10万ドルの印税を稼いで満足している」
これらは豊かなイメージで脳に刺激を与える言葉である。実際、人生に変化をもたらす脳の機能を促進する。自分が望んでいることのカラフルな画像、ワクワクする細部、ときめくような感情を脳にふんだんに与えると、脳の中で「認知的不協和」と呼ばれる現象が起こる。

認知的不協和とは、ふたつの相反する信念や思考を持つときに起こる不快感のことである。たとえば、自分が送っている「現在の人生」と、自分が望んでいる「将来の人生」だ。現在の人生に甘んじることになった思い込みにしがみつき、自分はほしいものを手に入れることができないと信じているのに、突然、よりよい生活を連想させる日々の宣言を開始したら、認知的不協和を引き起こす。すると、脳はそういう状態を嫌うので、それを解消するために、よりよい生活を実現するために全力を尽くすのである。

心理学者のレオン・フェスティンガーはこのプロセスを空腹時の脳の反応にたとえている。つまり、脳は空腹を解消するために体に食べるよう指令を出す。

言い換えると、脳は空腹という問題を解決するために必要な段階を踏むように仕向けるということだ。それと同様に、宣言を使って強烈な画像と感情とともにワクワクする新しい未来を思い描くと、脳はそのワクワクする新しい未来を実現するために必要な段階を踏む。

日々のイメージトレーニングと宣言を通じてよりよい人生の思いを脳に伝えると、脳は認知的不協和を解消しようとする。宣言は、よりよい人生を思い描くために毎日使う視覚的かつ感情的にインパクトの強い言葉だ。

人類に起きたすべての偉大な出来事は、誰かの脳の中のひとつの思考から始まった。

ヤニー（ギリシャの作曲家、ピアニスト）

宣言はどのように人生を変えるか

あなたは本書を読むことで人生を変えようと思ったはずだ。ワクワクする仕事、よりよい経済状態、よりよい健康状態、豊かな人間関係、海外旅行、あるいは静かで落ち着いた生活のどれであれ、それを実現するために必要なステップがいくつかある。

本書はそれを伝授するために書かれている。

この日々の強力な習慣を始めるための宣言だけでなく、世界的な成功者たちがビジネスや芸術、スポーツ、慈善事業、政治などで使ってきた52の効果抜群の原則を紹介しよう。

これは私が40年近くにわたり研究して自分の人生に応用するだけでなく、大勢の人に伝授して成果をあげるのに役立ってきた原則だ。したがって、本書は単なるアイデア集ではなく、成功と幸福を生み出すための実証済みの方法を紹介するための本だと言える。

本書の原則を実行すれば、必ず成果が得られる

実際、本書の52の原則をすべて実行すれば、人生が大きく変わる。

しかし、そのカギは、あなた自身が責任を持ってこれらの原則を実行することだ。第10の原則で説明しているとおり、宣言を復唱して内在化させる日々の習慣を身につけることは、そのひとつに過ぎない。

ただし、この52の原則を自分の人生に取り入れる作業は、あなた自身が行う必要がある。誰かに代行してもらったり苦手な原則を飛ばしたりしてはいけない。どの原則

も人生全般で成功を収めるうえで不可欠だからだ。それは本の執筆に似ている。まず読み書きを学び、文法を学び、文章の構成を学ばなければならない。どのステップを飛ばしても、本は意味をなさなくなり、読み手は本の内容を理解できなくなる。

それと同様に、それぞれの原則と宣言は、充実した幸せな人生をつくり上げるためのカギを握る要素である。あなたの目標を設定し、あなたの夢を思い描き、あなたの未来を決定するのは、あなたしかいない。

どのような目標であれ、恩恵を得るためには自分で何かをしなければならない。本書で紹介する原則とそれを定着させる宣言を日常生活に応用し、それを継続するなら、あなたは大きな成果をあげることができるだろう。

本書の原則と宣言を40年にわたって継続し、私はそれが効果的であることを実証した。

アインシュタインは「我々の世界は思考の産物だから、自分の思考を変えなければ、自分の世界を変えることはできない」と言った。宣言は日々の実践を通じてあなたの思考を徐々に変えるためのツールである。その原則を人生に応用する努力をさらにすれば、不可能だと思っていたことが起こるだろう。

じつは、私はその生き証人なのだ。

私はウェストバージニア州のホイーリングという小さな町で庶民の子として育った。父は仕事依存症で、母はアルコール依存症だった。夏休みには祖父の花屋の手伝いと地元のプールの救助隊員をしてお金を稼いだものだ。ハーバード大学に進学後、学費の一部を奨学金で払い、キャンパスの食堂でアルバイトをして書籍や衣服、デートのお金を稼いだ。大学院の最後の年にはパートタイムで教師の仕事をして2週間ごとに120ドルの報酬を受け取り、住居費や他の生活費をまかなった。

当時の私は典型的な貧乏学生で、非常に苦しい生活を送っていた。お金がなくてせっぱつまると、「究極の粗食」で飢えをしのいだものだ。私はそれをユーモア交じりに「21セントのディナー」と呼んでいた。すなわち、インスタントのスパゲティーをゆでてトマトペーストとガーリックソルトをかけて食べるのだ。

私は貧困層の一員として社会の底辺で暮らしていた。高い学費を工面しながら、よく卒業までこぎつけたものだと思う。

卒業後はシカゴの南部で高校教師になり、社会人としてのスタートを切った。数年後、一代で財を成した偉大な実業家のクレメント・ストーンが提唱する原理を財団で教える仕事に就いた。私はその原理を学ぶだけでなく、人々が人生を変えるのを手伝う機会を得たことに大きな喜びを感じた。これは本書で紹介する原則を40年にわたって教えるきっかけになった出来事だ。

私がそれを自分の人生に応用したところ、『こころのチキンスープ』シリーズとして数々のベストセラーを出版し、複数の会社を立ち上げて億万長者になり、サクセスコーチとして大勢の人を指導するようになった。

本書のどの成功法則も自分の経験から学んだものであり、現在、100か国以上で教えているカリキュラムの一部になっている。私は長年にわたって学習し、成長し、新しい目標を設定し達成してきた。ぜひ、あなたもそうしてほしいと思う。実際、誰でも本書の成功法則を実践すれば、人生でかつて経験したことがないほど大きな成果をあげ続けることができる。

自分がほしいものを決め、自分を信じ、成功の原則を実行するための宣言をぜひ活用してほしい。

本書を最大限に活用する方法

ポジティブな思考は目標の達成に集中するのに役立つだけでなく、宇宙に放つよいエネルギーのバイブレーションを増強し、よいエネルギーを引き寄せることが証明されてきた。宇宙の法則によると、ポジティブな思考によって成功、豊かさ、喜び、財産が飛躍的に増える。

その際、宣言は大きな役割を果たす。

それはまた、脳の中に新しい経路をつくり、非生産的な古い思考パターンを新しい思考パターンに置き換えるのに役立つ。ポジティブな宣言を使うことは頭の中をポジティブなセルフトークで満たすためだけでなく、恐怖を克服し、夢の実現を妨げている障害物を回避するためのツールでもある。

本書の各項目の末には、人生の推進力になる3つのポジティブな宣言が書かれている。その宣言の中から自分にとって必要だと思うものをひとつ選んで、それを日々使ってみることをお勧めする。

毎朝10分間、それがすでに実現しているかのように声に出して読んでイメージトレーニングをしよう。自分が目標を達成している姿を心の目で見るのだ。自分が感じることになる気持ちを呼び起こそう。

たとえば、喜び、興奮、安心、自信、などなど。目標を達成したら感じる他の感覚を付け加えよう。たとえば、顔に受ける風、拍手の音、プライベートジェットの離陸の衝撃、などなど。


インデックスカードとマーカーを用意して宣言を書くといいだろう。59ページの指針に沿って、特定の目標や状況に合う新しい宣言も書いてみよう。毎日、就寝前に10分ほど時間を割いて同じ宣言を実行すれば、潜在意識が一晩中その目標に集中して取り組んでくれる。各項目で紹介している法則を実行しながら、他の宣言に移行しよう。

その結果、あなたの人生は徐々に変わり始める。

この原則を学んだ無数の人々と同様、あなたは喜びにあふれた豊かな人生を送ることになる。宣言を活用して、ぜひそれを実現してほしい。

もくじ

1週間に1つずつ 人生が変わる 自分変革宣言

はじめに 3

PART 1

人生で実現したいことを決めよう

1週目 自分の未来に100パーセント責任を持つ 18
2週目 人生の目的を明確にする 22
3週目 なりたいもの、したいこと、ほしいものを決める 26
4週目 それが可能だと信じる 30
5週目 自分を信じる 34
6週目 引き寄せの法則を活用する 38

PART 2

目標を設定しよう

PART 3

目標に向けて踏み出そう

7週目　意欲がわく目標を設定する　44
8週目　目標を細分化する　48
9週目　成功への手がかりを探す　52
10週目　自分の限界を疑う　56
11週目　目標を視覚化する　60
12週目　すでに達成しているかのように行動する　64
13週目　到着地が見えていなくても行動を始める　68
14週目　一歩を踏み出す　74
15週目　恐怖を克服する　78
16週目　努力を惜しまない　82
17週目　人に頼む　86
18週目　断られても気にしない　90
19週目　フィードバックを活用する　94

PART 4

努力を続けよう

20週目 限りなく成長する 100
21週目 数字で達成度を把握する 104
22週目 粘り強く前進する 108
23週目 「5の法則」を実践する 112
24週目 相手の期待を超える 116
25週目 自分の周りを成功者で固める 120

PART 5

やる気を高めよう

26週目 自分の過去の成功を思い出す 126
27週目 目標から目を離さない 130
28週目 未完了を完了させる 134
29週目 つらい過去と訣別する 138
30週目 うまくいかない事実と向き合う 142
31週目 自分の内側の批判を励ましに変える 146

PART 6

重要なことに集中しよう

32週目 成功につながる習慣を身につける 152
33週目 100パーセントの力を出す 156
34週目 学び続ける 160
35週目 情熱を燃やし続ける 164
36週目 自分の得意なことにエネルギーを集中する 168
37週目 時間の使い方を見直す 172
38週目 必要のないことは断る 176

PART 7

ポジティブな人間関係を築こう

39週目 ついていく価値のあるリーダーになる 182
40週目 メンターやコーチとのネットワークをつくる 186
41週目 助け合える仲間をつくる 190
42週目 自分の直感を信じる 194

PART 8

お金に関して積極的になろう

43週目 人の話を積極的に聞く 198
44週目 自分の本心を話す 202
45週目 言いにくい真実こそ早く伝える 206
46週目 他人の悪口を言わない 210
47週目 常に他人を称賛する 214
48週目 一流になる 220
49週目 お金に関してポジティブになる 224
50週目 豊かになることに焦点を定める 228
51週目 お金を使う前に稼ぐ 232
52週目 もっと分かち合い、もっと奉仕する 236

PART 1

人生で実現したいことを決めよう

1週目

自分の未来に 100パーセント 責任を持つ

人々は自分の人生に対する責任を負うのを本能的にいやがり、
他人に責任を負わせたがる。
人々は人生がうまくいかないと、それを他人のせいにするのだ。
ドナルド・ミラー（アメリカの作家）

まず朗報を紹介しよう。あなたは自分の思考、イメージ、行動を完全にコントロールすることができる。この3つのことをどう行うかで、人生においてどのような体験をするかが決まるといっても過言ではない。充実した豊かな人生を送るための出発点は、自分の未来に対する責任を100パーセント自分で取ることである。

今日この場所に自分がいる。そして向こうに自分のありたい場所、すなわち自分の夢と希望の実現が見える。それは自分の人生の目的や目標と言ってもよい。これから、そこまでの道のりを紹介していこう。

日々の宣言に基づくワクワクする旅に出かけよう。自分を肯定するポジティブな言葉、強い信念、そして自分の目標を達成するために必要な道具はすべてそろっている。自分にはそんなものはないと思っているかもしれないが、そういう考え方を変えて、成功につながる青写真を描けるようになる方法をこれから伝授しよう。

ポジティブなエネルギーは一日の好スタートにつながる。毎朝ほんの数分でいいから、明確な目的意識を持って宣言を唱えてみよう。

夜にも同じことをやり、睡眠中も潜在意識にポジティブなエネルギーを高めよう。そうやって自分の考えや夢の中にポジティブな力を加えることは、起きているときにチャンスへと自動的に体を向かわせられるように、考え方を変える訓練でもある。

自分の人生に対して全責任を持つなら、すなわちこれまでに経験したすべての成功、すべての失敗、すべての優柔不断な考えや行動に対して責任を持つなら、宣言を繰り返し唱えることは、自分の意識を向上する手助けになる。

状況にかかわらず、起きた出来事や結果のせいにするのは意味がない。なぜなら、それ自体が自分の責任であり、それが人生の流れを変えるカギだからだ。自分がどう対応するか、それが考えやイメージ、振る舞いであっても、それは自分自身が決めるべきことなのである。人生で妥協する必要はない。向き合っている状況に合わせて、自分の望む結果が出るまで対応を変え続ければいいだけだ。現在の結果が気に入らないなら、別のことをやればいい。


「自分は人生の無知な参加者でしかない」とか「事態が勝手に降りかかってきた」と考えるのは楽だ。だが、その状況をつくり出したのは、また、その状況が起こるのを許したのは自分なのだ。

常に警戒すべき物事を私は「黄色信号」と呼んでいる。何かがおかしい、何かが起ころうとしている、そんな信号は必ずある。内面的、外面的な黄信号に目を見張らせていなければ、味わう必要のない苦しみにさいなまれることにつながる。

外面的な黄信号とは自分の働く業界が衰退しているというニュースであったり、十代の子どもの息が酒臭かったりなどといったことである。内面的黄信号とは、どこかそわそわする、本能的なメッセージ、ストレス、緊張、痛みのような感覚などのことをいう。内面的、外面的黄信号にしっかり注意していれば、それを察知した段階で自分の行動や対応を変えることができるのだ。

この勇気を出してほしい。自分の運命をコントロールできれば人生は一気に楽になる。「事態が勝手に降りかかってきた」というものの見方は絶対にしてはならない。自分の送りたい人生を自分で選ぶのだ。

今週の自分変革宣言

❶私は人生をすぐに改善する。
❷私は自分にとってよりよい状況をつくり出す。
❺私は考えとイメージ、振る舞いを変えることを選ぶ。

2週目

人生の目的を明確にする

自分の人生の目的を見極め、それをもとに活動しよう。

ブライアン・トレイシー（アメリカの経営コンサルタント）

人はみな人生で独自の役割を果たしている。つまり、自分しか持っていない技術と知恵を活用し、他の人にはできないことをするために生まれているのだ。それを見極めて大切にすることが、充実感にあふれた素晴らしい人生を築くためのカギだ。

しかし、自分の存在理由を明確にし、情熱を持って人生の目的を追求しなければ、どんな目標を設定しても、それを達成することはまず不可能だろう。

ほとんどの人は自分がなぜ地球上に存在するのか理解していない。そんなことを知っても意味がないと思っているのか、目覚めるときを待っているのか、その答えがふと現れると期待しているのだろう。

しかし、自分の存在理由が明確でないと、いずれ人生で道に迷ったり行き詰まったりすることになる。自分の方向性がわからなければ、挫折感と無力感にさいなまれ、将来に希望を持つことができなくなるのだ。

私はたびたびセミナーを開催して、人生の目的を見極め、自分の存在意義を明確にするためのエクササイズを紹介している。

1　自分ならではの資質をふたつ挙げる。

2　その資質を活用する方法をひとつかふたつ挙げる。

3　自分ならではの資質を活用したら、世の中はどのようになるか？

4　以上の問いに対する答えを組み合わせてひとつの文にし、それがどのように社会に貢献するかを表現しよう。

例　持続可能な事業を立ち上げようとしているイノベーションに富む起業家を支援するために自分の能力を使う。

この簡単なエクササイズが、あなたの存在理由を明確にし、大きな満足をもたらす活動を見極めるのに役立つ。

ここで、それをもう少し推し進めてみよう。

まず、自分ならではの資質を活用して最も楽しかった経験を書いてみよう。

次に、人生の目的を書いた紙をよく目にする場所に貼っておき、起床後と就寝前にそれを声に出して読んでみよう。これを実行すると元気がわいてくるはずだ。

あなたは自分が大好きなことや得意なことをしているとき、自分にとって重要なことを成し遂げているのだ。あなたは人生のバランスを取り、チャンスを生かし、自分に利益をもたらす人々を引き寄せることができる。

自分の人生の目的に合致した生き方をしていると、おのずと人々の役に立ち、彼らはあなたのポジティブなエネルギーを感じ取る。

なんとしてでも人生の目的を見つける決意をしよう。人生の目的が明確でなければ、豊かさも成功も手に入れることはできない。

今週の自分変革宣言

❶私は人生の目的に合致する生き方をして喜びにあふれ、充実感を得ている。
❷私は誰もが人生の目的を存分に追求している完璧な世界をイメージしている。
❸私は情熱を燃やして人生の目的を追い求め、毎日、目標に向かって前進している。

3週目

なりたいもの、したいこと、ほしいものを決める

人生で本当にほしいものを手に入れるために不可欠な最初の一歩は、
自分が何をほしいか決めることである。

ベン・ステイン（アメリカの俳優、作家）

「成功」を言葉で表すとしたら、それはどんなものになるだろうか。それには「死ぬまでにやりたいことリスト」など、自分が経験したいこと、達成したいこと、手に入れたいものが含まれているはずだ。

しかし残念ながら、多くの人はそのための道筋を逆にとらえている。皆、何がほしいのかというところを出発点に始め、後になってから、なぜ自分がそこにいるのか、そして自分の人生の目的とは何なのかがわからないことに気がつく。

自分たちが期待していた内面的な成功は得られず、人生の目的のために生きるという深い喜びは欠如したままだ。

次の言葉に勇気を出してほしい。

「あなたが何歳であろうと、どんな境遇に置かれていても、異なるやり方を選ぶことはいつでもできる。自分の望みを決めるプロセスを始めることができるのだ」

人は自分が何になるべきかという種子を持って生まれてくることを知っているだろうか？　同時に人は自制心や恐怖感を持たずに生まれてくる。

赤ちゃんは腹が減ったら泣き、そこらじゅうをハイハイして回り、おかしな音や顔に笑う。人は歳を重ねるにつれて、泣くのをやめる、大人になる、自分勝手な行動をしないよう教え込まれる。自分のほしいものから目を背け、親、学校、社会が勝手に決めた型にはまることを学習する。今こそ子どものころの決断を捨て去るときなのだ。ルネッサンス期に彫刻家および画家として活躍し、システィーナ礼拝堂の天井に絵を描くために4年も仰向けで寝そべって過ごしたミケランジェロはこう言った。

「我々にとってより大きな危険は高すぎる目標を狙って外すことではなく、低すぎる目標を狙って達成してしまうことだ」

自分の望みや自分の生き方を他人が決めてしまうことを許すとき、人は提示された選択肢で妥協する。最悪、妥協どころか一切面白くない人生を追い求めるはめになることもありえる。

こういったことは抑うつや不安、ストレスを生み出し、さまざまな悪い結果へと導く。あなたの人生とはまさに文字どおりあなたのものなのだ。それが誰であろうともあなたの人生はどうあるべきかを決めることはできない。

自分が本当に何をほしいのかを決める手助けとして、私がここ数年自分のワークショップで使っている以下のエクササイズを試してみてほしい。

1「したいことリスト」をつくる

死ぬまでに自分が何をしたいか、何がほしいか、何になりたいのかをそれぞれ30項目ずつ書き出す。高級車や豪邸といった大きな目標はきっとリストの上位にくるだろう。しかし、リストを下に進むにつれて、たとえば影響を与えるといった自分の心の奥底にある価値観を再発見することができるはずである。

2「20の好きなこと」リストをつくる

自分の好きなことで生活はできないなどと考えてはいないだろうか？　それらを書き出し、それぞれについて、日々追求してみたらどうなるか、すでにそれをやっている人はどんなことをしているのかを真剣に考えてみれば、きっと自分の好きなこともキャリアになりえるという事実に気がつくはずだ。

3　自分が落ち着ける静かな環境で、具体的で明確な理想の人生像を明らかにしてみてほしい。以下の7つの項目について考えるとよいだろう。

仕事とキャリア／お金／楽しみと娯楽／健康とフィットネス／目標／人間関係／地域への貢献

今週の自分変革宣言

❶私はなりたいもの、したいこと、ほしいものを決める。

❷私は自分の未来に対してポジティブな考えやイメージを持つ。

❸私は本当に手に入れたい人生に集中する。

4週目

それが可能だと信じる

他人が無理だと言っても、私はそれに耳を貸さない。

フローレンス・ジョイナー（史上最速と評されるアメリカの女子陸上選手）

「期待理論」という概念がある。過去の経験をもとに、脳が起こると期待している事象に基づいて人は物事に反応するという考え方だ。言い換えれば、人は期待している結果に基づいて決められた行動を取るのである。

しかし、人は困難にぶつかると、過去の苦い経験や自尊心の欠如に決断力を奪われる。そんな場合、決められた行動を取り、ネガティブな結果を得ることになる。だが、もしその代わりに頭の中で意図的にポジティブな期待を抱いていたらどうだろうか？ きっと自分の望みをより容易に達成できるに違いない。

困難な状況やネガティブな思考が頭の中に入ってきたら、そのことを紙に書き出そう。自分が何を考えているのか、なぜそれが問題なのか、何が原因なのかを書くのだ。次にその考えを細かいパーツに分けていき、それぞれをポジティブなものとして再イメージする。そうしたらそれらのパーツを再び組み上げて、自分の希望が可能であると信じさせてくれるような新しくポジティブな思考をつくり上げる。

よい決断をし、目標を達成することへの障害はふたつある。

ひとつは未知のことへの恐怖だ。目標を達成するために何をすればよいのだろうか？ その間どうやって生活を支えよう？ こういった疑問は自分を思いとどまらせようとするだろう。しかし、自分自身と自分の目標を信じてさえいれば、どれも解決するようなことばかりなのである。

ふたつ目の障害は、実際は正しくないのに自分が正しいと思い込んでいる知識だ。しかし、思い込みを疑わず、自分の知識や経験に依存しすぎるのは危険だ。


ナポレオン・ヒルは『思考は現実化する』の中でこう言っている。

「あなたは何にでもなりたいものになれる。それを心から信じ、信念に基づいて行動しさえすればいいのだ。信じられることは、なんでも達成できる」

本当に深い考えだ。

ポジティブシンキングやセルフモチベーションを実践するのはたいへん結構なことだが、心の底から信じていなければ、あまり成果はあがらない。


たとえばあなたは過去数年、ある製品のプロモーションに打ち込んでおり、取引先の社長に対してプレゼンをしたとしよう。自分の能力には確信があり、よい結果を期待していたが、その期待は外れてしまった。そこであなたはやる気を失ってしまったのだが、ここで考えてみてほしい。

たしかに違う結果を期待し、それは外れてしまったが、今のあなたは前日までの自分が置かれていた状況に比べて何ひとつ悪くなどなっていないのだ。じつは何ひとつ失ってなどいないのである。

よい結果を確信して期待することと、すぐに心が満たされることとは別の問題だ。自分がするすべての質問に対して、はっきりとイエスという答えが返ってくることを期待しているなら、それは的外れでしかない。

大事なのはネガティブな態度や考えを改め、現実を受け入れることだ。自分を信じ、どんなことでも可能だと信じていれば、思いもよらない場所からチャンスが訪れ、驚くような結果になることもあるのだ。

今週の自分変革宣言

❶私は自分の理想の未来が実現できるというポジティブな考えを創り出す。
❷私はどんなことでも可能だと信じる選択をする。
❸私は自分の目標を達成するようにたえず努力する。

5週目

自分を信じる

あなたは間違って生まれてきたわけではない。
大量生産されたわけでもない。工場のラインを流れてきたわけでもない。
あなたは創造主の意図により計画され、創造主から独自の資質を授かり、
創造主の愛によってこの世に生まれてきたのだ。

マックス・ルケード（ベストセラー著者）

成功者となり夢に見た人生を送りたいなら、心の底から自分にはそれができると信じなければならない。道の全体像が見えず、成功がどのようなかたちで起こるのかもわからなくとも。

自信に満ちた心構えを持ち、自分を信頼するということはひとつの選択肢である。ネガティブな状態に陥ってしまっていても。本気で取り組みさえすれば自分にはなんでもできると信じる選択をしよう。あなたはそれができる人間なのだ。

ポジティブな言葉で自分自身と対話したり、ポジティブなビジョンを描いたり、トレーニング、コーチングを受け実践することが、あらゆる物事を達成するにあたって脳を訓練することにつながる。それは多くの研究が実証している。

成功への心構えや自信を育てられなければ、達成に必要なことができないだろう。自分にはできると信じていても、できないと信じていても、思考は自己実現する。信じるか信じないかを選ぶのは自分の選択なのだ。

脳は問題を解決したり目標を達成したりするよう設計されている。だからこそ、「無理だ」「自分にできればよかったのに」「自分にできることだったなら」といった表現を捨てるべきだ。そういうネガティブな言葉はあなたの力を奪って衰弱させてしまう。
赤ん坊は目の前にあるものならなんでも登ろうとする。だが、少しずつゆっくりと、家族、教師、友人のネガティブな反応がそんな自信を蝕んでいく。そしていつの日か、自分はなんでも乗り越えられると信じられなくなってしまうのだ。

自分の可能性や夢を他人が信じてくれなければ成功できないと感じてしまうことはよくある。しかし、自分の決断は、自分自身の目標や願望に基づいていなくてはならない。親、友だち、配偶者、子ども、同僚の目標や願望ではない。他人が自分についてどう思っているかなどにおびえていたら、どうやって自分の信念を貫き通せるだろう？

ダニエル・アーメン博士は18／40／60ルールを提唱している。すなわち、18歳のときは自分を他人にどう思われているかを心配する。40歳になると誰にどう思われようと気にしない。60歳になると自分のことを誰も気にかけていないことに気がつく。
他人がどう思っているかを心配することに時間を浪費せず、その時間を自分の目標を達成することに注ごう。

百万ドル以上の資産を持つアメリカ人の2割は一度も大学へ通ったことがないのを

知っているだろうか。元副大統領のディック・チェイニーですら大学を中退している。それに加えて、学歴、年齢、資産といった「必須項目」を一切満たさないまま、新しい道を歩んで成功した例は枚挙にいとまがない。彼らはただ自分が目標を成し遂げられると信じていただけだ。

ジュリア・チャイルドは40歳になるまで料理を学んだことがなかった。51歳のときに「フレンチのシェフ」という番組を始め、今では全国のお茶の間に彼女の名は知れわたっている。

スーザン・ボイルは47歳のときにイギリスのテレビのオーディション番組への出演がきっかけで一躍世界的スターになった。現在までに5つのアルバムを発売し、合計1900万枚の売り上げを記録している。二度もグラミー賞の候補にあがった。

今週の自分変革宣言

❶ 私はポジティブな態度で日々と向き合う。
❷ 私は「無理だ」「できない」というネガティブな表現を使わない。
❸ 私は自分には成功する価値があると信じる。

6週目

引き寄せの法則を活用する

あなたは自分の思考、感情、イメージ、言葉で発信したものを
自分の人生に引き寄せる。

キャサリン・ポンダー（アメリカの作家）

あなたは重力をオンやオフにしたことがあるだろうか？　そんなことはないはずだ。じつは、宇宙には重力と同じくらい強い力が存在し、それが私たちに絶えず影響を及ぼしている。それは「引き寄せの法則」と呼ばれていて、自分の意思でオンやオフにすることはできないが、私たちはそれがもたらす恩恵に浴することができる。

本当に望んでいる人生をつくり出すためには、引き寄せの法則の使い方を学ぶ必要がある。すでにその原理を実践しているなら、スキルを磨いて進捗状況を測定するための新しい機会だと考えてほしい。

常にポジティブに振る舞い、考え、話すように自分を訓練するには時間と努力が必要になるが、宇宙は豊かさと喜びと無限の恩恵を与えてくれる。基本的に私たちはまいたものを収穫するから、ポジティブな種をまくように選ぶ必要がある。

化学の授業で習ったとおり、家や犬、この本などの物体は無数の原子で成り立っていて、それぞれが小さなエネルギーを持っている。そして、その原子は互いに結合して水や金属、プラスチックなどの別の形になる。

同様に、私たちの思考も一種のエネルギーであり、普通の医療機器で脳波として簡単に測定することができる。他のすべてのエネルギーと同じように物質界と影響し合う。この原理が理解できたら、思考が実際に物質界と影響し合って願望を実現することがわかるはずだ。
引き寄せの法則の根本は、「ふだん考え、話し、確信し、強く感じていることが現実になる」ということだ。自分の思考を使うことによって、目標の達成に役立つ人や機会を引き寄せられることがわかったら、あなたは自分の思考の内容に今まで以上に注意を払うことだろう。

あなたも含めてすべてのものは固有の周波数の波動を発している。ということは、より高い波動の状態を維持し、ほしいものを引き寄せるために思考の力を活用すればいいということだ。
その方法を紹介しよう。

ステップ1　ほしいものを求める
本当にほしいものを決めて、その目標にフォーカスする言葉を使おう。ネガティブなイメージはポジティブなイメージに置き換える。常にほしいものを求めていれば、宇宙はあなたがそれを手に入れることに気を配るようになる。
ステップ2　ほしいものが手に入ると信じ、行動を起こす
自分の目標は達成されると信じること。私たちは信じないことを行動に移すことはできない。

ステップ3　ほしいものを受け取る

ほしいものを手に入れるには、宣言を活用することだ。現在の目標や過去に達成した目標を口に出して唱えよう。常に繰り返して唱えていると、あなたの無意識とほしいものとの波動が一致する。

今週の自分変革宣言

❶私はポジティブなエネルギーを宇宙に発信する。
❷私はポジティブな思考の力を絶えず意識している。
❸私はほしいものが手に入ることを確信している。

PART 2

目標を設定しよう

7週目

意欲がわく目標を設定する

幸せになりたいなら、自分の思考を定め、エネルギーを解放し、
意欲がわく目標を設定することが大切だ。

アンドリュー・カーネギー（スコットランド生まれのアメリカの大富豪）

ドミニカン大学のゲイル・マシューズ博士が行った実験では、自分の目標を書き出し、達成までの行動ステップをつくり、定期的に友人に経過を報告する被験者は、そうでない被験者に比べて目標達成率が2倍だった。考えてみてほしい。ほんの少し手間をかけるだけで、単純に目標のことを考えるだけの人より2倍も成功できるのだ。

これにも驚くかもしれないが、目標を書き出し、定期的に見直す少数の人は、そうでない人に比べて9倍もの生涯賃金を稼ぎ出す。それだけでも、自分の目標を紙に書き出す気になるのではないだろうか。

目標の達成具合を測定する基準を持っていないのならば、それは目標がないのと同じである。ただよい案を持っているに過ぎないのだ。実行すべきことを思い起こさせ、潜在意識下にある力を解放させる本物の目標は、どれだけ（量の測定）いつまでに（具体的な時間や日時）といった基準が欠かせないのである。

目標を明確にするのによい方法のひとつは具体的にそれを書くということである。すべて書き終えたとき、物事を成功へと運ぶためにどんなチャンスに目を見張らせるべきかなどを含め、潜在意識は具体的に何に取り組めばよいのかを理解するのである。1日に3回は読み直し、目を閉じて、まるですでに達成しているかのように一つひとつ思い浮かべる。そしてその達成感に包まれて生きる感覚をイメージするのである。

人の持つ目標のほとんどは、人生の中で少しずつ進歩する物事にすぎない。新しい車両保険を契約する、クローゼットを掃除する、今週のセールスに関するプレゼンを仕上げる。しかし、たとえば家を買ったり、会社を興したり、退職に向けた積立といった、人生を著しく向上させるブレークスルーとなる目標の達成に取り組めるとしたらどうだろう？　そういった目標なら情熱を持って追い求める価値があるのではないだろうか。思い浮かべるためにブレークスルー目標を期限とともに書き出し、次に自分の人生を変え得る飛躍的進歩に意識の焦点を絞ってみよう。

一度目標を設定すると、ほとんどの人を思いとどまらせるようなものが3つ浮かび上がってくる。けれどあなたはそんなものに行く道を拒まれなどしないはずだ！　その3つとは考慮、恐怖、障害物である。

たとえばあなたが今年の終わりまでに収入を倍にすると決意したとする。意識せずとも、「家族と過ごす時間がなくなる」「今までの2倍の時間働かなければならなくなる」といった考えがすぐに浮かび上がってくる。そういった考えが「考慮」である。長い間潜在意識下に存在したものの、ようやく今になって日の当たる場所へと出てきたのである。解決できるはずだ。そして先へ進もう。

それとは異なり、恐怖は感情である。拒否される恐怖、人に笑われる恐怖、失敗する恐怖、そんな恐怖をあなたも持っているかもしれない。だが恐怖は目標に向けて進むための過程の一部に過ぎない。前もって知っておくことで乗り越えやすくなる。

障害物とは、たとえば新しく会社を興すためのお金がない、昇進するのに必要な研修を受けていない、そういった乗り越えることが可能な完全に外部の状況を指す。障害物とは自分の進む道に立ちはだかるものであると同時に、自分で対処しなくてはならないものでもある。

考慮、恐怖、障害物を予知する術《すべ》を一度身につけてしまえば、そういったものが思っていたほど強大なものではないことに気がつくだろう。それらを受け入れ、立ち向かうことを覚えよう。なぜなら、それらこそがおそらくあなたの人生において足を引っ張っていたものであるはずだから。

今週の自分変革宣言

❶私は自分の目標が達成できることを知っている。
❷私はまるですでに達成しているかのように突破口が見える。
❸目標を決め、確信と自信を持って突き進む。

8週目

目標を細分化する

一足先に進む秘訣はさっさと歩き始めることである。
さっさと始める秘訣は、大きく複雑なタスクを
手に負うことのできる程度の小さなものに分けていき、
そのうちのひとつから手を付けることである。

マーク・トウェイン（アメリカの作家）

大きな目標を細かいタスクに分け、それをひとつずつ達成していくことで、より楽に前に進むことができる。このプロセスを「細分化」といい、これを使うことで大きな目標の達成が可能となる。

そういった一つひとつのステップを見つけるよい方法は、すでに自分のやりたいことを達成している人に助言を乞うことである。経験に基づいた手引きを期待することができ、陥りやすい失敗なども教えてくれるだろう。

本を買ったり、オンライン講座を購読してみたりするのもいいかもしれない。また、目標地点から後ろ向きに道を辿ってみるのも手だろう。

すでに目標に到達した様子をイメージしてほしい。今自分の立っている場所にどうやって辿り着いた？　最後にやったことは？　その前にやったことは？　そうして最初にやったことが見つかったら、それが自分のスタートラインなのだ。

マインドマッピングは単純ながらも目標達成へ向けた「やることリスト」をつくるにあたりとても強力な手段である。うまく使いこなすことで、誰に話すべきか、どんな情報を集めるべきか、守らなくてはならない期限はいつなのか、といったことが導き出せる。

たとえば作家になるのが夢、すなわち特別なキャリアにつながるブレークスルー目標を持っていて、これから最初の本に取り組もうとしているのなら、マインドマッピングを使うことで大きな目標をいくつかの小さなステップに細分化できる。

目標へ向けたマインドマップが完成したら、今度は予定を行動に変換する。毎日の「やることリスト」にそれぞれ期限とともに加える。カレンダーやスケジュール帳に適切な順番で書き、何が何でもそれを守るようにする。

一日の計画を前日の夜に立てることをお勧めする。今日達成したこととその結果に基づいて、次の日の新しい「やることリスト」を作成するのである。ほんの数分だけでも次の日がどういう一日になってほしいのかを思い浮かべれば、潜在意識が達成したい目標を成し遂げるクリエイティブな方法を一晩中考えてくれるのだ。

毎朝の予定は、その日の「やることリスト」の中で最も重要な項目を済ませることであるべきだ。それをうまく行うためのアドバイスは次のとおりだ。

1　まずその日のうちに絶対済まさなくてはならない項目を5つに絞る。

2　それぞれに1から5までの番号を振る。1は最も気乗りのしない項目、5は最もやりたい項目という順番にする。

3　1番の項目から実行していく。

最もやりたくないことから済ませていけば、やりたくないことを一日中考えなくて済むだけでなく、真っ先に済ませたことが勢いになって自信につながり、その日の調子もよくなるはずだ。

今週の自分変革宣言

❶私は自分がこれからやろうとしていることに関して、すでに達成している人に指示や助言を仰ぐ。
❷私は大きな目標を達成可能なタスクに細分化し、それを一つひとつやり遂げる。
❸私は一日の予定は前日の夜までに決める。

9週目

成功への手がかりを探す

成功はその跡に手がかりを残すこと、
そして傑出した結果を残す人はその結果をつくり出すために
特別なことをやっている事実に私は何年も前に気づいた。
そこで私は、そういった人々の行動を正確に真似することで、
自分も彼らと同じ結果を得られるはずと信じたのである。

アンソニー・ロビンス（アメリカの自己啓発の作家、講演家）

探す意志があれば、手がかりは簡単に見つかる。体重を減らす、家族を養う、会社を興すなどなど、思いつく限りほとんどすべてのことはすでに他の誰かが成し遂げているのである。

それはとても素晴らしいことだ。なぜならその人たちは自分がどうやって成功したかという手がかりを残しているからである。そんな手がかりを見つけ、自分でも目標へ至るまでの道のりの中で、その人たちの行動を真似することができるのだ。

たとえば最近あなたは会社で昇進したばかりで、そこからさらに上へ進み、最終的には経営幹部の立場にまで上り詰めたいと思っているなら、リーダーシップや個人の成功、目標の設定、人間性心理学などについて読める本は何百冊とある。私の執筆した自己啓発本を読んでもいいし、私の開催するセミナーに参加するのもいいだろう。それに加えて、講師、指導者、アドバイザー、コンサルタントといった人たちと電話一本でつながることもできるのだ。

約2年前、私はダラスで朝のニュース番組に出る準備をしていた際、メイクアップアーティストに対し長期的な目標があるのか尋ねてみたことがあった。自分の美容サロンを開きたいと思っていると彼女が言ったので、実際にその目標を達成するために何かしているのか聞いてみると、彼女は「特に何も。何から始めればよいのかわからないから」と言った。

私はサロンの経営者とランチに行き、その人がどうやったのかを聞いてみることを彼女に提案した。

「そんなことやってもいいのですか？」とメイクアップアーティストは驚いた。

もちろんできる。それに、身の回りには自分が何をしていて、どのようにしてそれをやるようになったのかを話したがっている人はたくさんいる。どんな夢であろうと、似たような夢を叶えた人はどこかにいて、その人は教えられる手がかりを持っている。

ただし、自分から動いて自分で頼まなくてはならない。現場での経験を積むためにボランティアやインターンとしてその人のもとで働くことを提案したっていい。


きっと人生のどこかの時点で、専門家に助言を乞うことを思いついたものの、「人が自分のために貴重な時間を使ってわざわざ話してくれるだろうか？」「人が自ら競合相手をつくり出そうとするだろうか？」といったことを考えてしまい、思いとどまった経験があなたにもあるだろう。

そういう考え方は今すぐやめたほうがいい。それは自分自身の手で、自分の心の中に現実には存在しない障害物をつくり出していることにほかならない。ほとんどの人は自分がどうやって会社を築いたか、どうやって目標を達成したかを話すのが好きなのだ。

今週の自分変革宣言

❶私は目標を達成するために他人が残した有用な手がかりを探し、見つける。
❷私は成功するために自分に何が必要なのか、メンターを探して一緒に作業する。
❸私は目標に直接的、間接的にかかわる話を他人がするときは注意して聞く。

10週目

自分の限界を疑う

ほしいものはすべて自分の安全地帯のすぐ外にある。

ロバート・アレン（アメリカのベストセラー作家）

運転している最中にサイドブレーキを引いたままであることに気がついた経験はないだろうか？　そのときサイドブレーキの抵抗を乗り越えるためにあなたは何をしただろうか？　アクセルペダルをより踏み込んだ？　いや、おそらくサイドブレーキを戻したはずだ。すると車はいつも以上の労力を費やすことなく加速していったに違いない。

人も人生において同じことをする。まだ処理できていないネガティブなイメージ、有害な経験、過去の複雑な人間関係にしがみつこうとするのだ。

時には自分の現実に関する思い込みが単純に間違っていて、それを手放したくない、もしくは手放す方法を知らないせいで罪悪感や疑念を抱くことだってある。どんなに頑張っても、そんな経験や感情は足を引っ張り、目標にたどり着くための進歩を打ち消してしまう。

そんなブレーキを離さない限り、人生の中で本当にほしいものは手に入らない。それはすなわち限界という概念や思考、そして罪悪感、恐怖、怒り、後悔といったネガティブな感情を捨てなくてはならないことを意味するのだ。

安全地帯とは、自分自身がつくり上げた牢獄である。自分が住むその場所は、「できない」「やらなければならない」「やってはいけない」など、これまでの人生の中で自分の潜在意識に巣食うことを許してしまっていた、ネガティブな感情によってつくられた根拠のない考えのコレクションで成り立っている。

人はネガティブで間違った感情を補強するような終わりのない反応をつくり出し、自分自身を自らつくった安全地帯に幽閉する。いつも文句ばかり言っていると（先に書いたとおり）思考の焦点が目の前の状況に定まってしまい、再び例の「無理」「やってはいけない」などから成る果てしないネガティブな独り言の世界に自分が捕らえられてしまうことになる。

しかしそのサイクルを変えることもできる。宣言を使うことで、代わりにポジティブな考えや言葉、イメージで自分の思考を圧倒すればよいのである。

宣言やポジティブな自分との対話で脳を攻める行為は、潜在意識に新しい道をつくり、自らの手で植えつけた狂気のサイクル、ハムスターが使う車輪のようなそれから自分を引き離してくれるのだ。

人が本当に行き詰まることはない。人は変われるのだ。適切な宣言を繰り返し唱えることでそこにたどり着けるのだ。

この本のすべての項目に宣言のスターターセットを載せてはいるが、実際に自分の置かれた状況や目標に合った宣言を書き出して使うのは自分次第だ。以下のガイドラインを使って自分の宣言をもっと効果的にしてみよう。

1 「私は」という言葉から始める。潜在意識はこの言葉を命令として受け取る。言語の中で最も強力な言葉なのだ。

2 現在形を使う。ほしいものをあたかもすでに持っているかのように書く。

3 ポジティブに書く。望んでいないことは考えない。自分がほしいものを肯定しよう。

4 手短に。簡単に覚えられるくらいまで短くしよう。

5 具体的に。曖昧な宣言は曖昧な結果を生み出す。

今週の自分変革宣言

❶ 私は限界という概念を捨て去り、自分の成功の確実性に集中する。

❷ 私は潜在意識下をポジティブな思考やイメージで満たす宣言を使う。

❸ 私は自分が創り出したい現実についてふだんから考え、話し、書く。

11週目

目標を視覚化する

想像力がすべてだ。それはこれから起こる人生の予告なのだから。

アルバート・アインシュタイン（アメリカの物理学者）

視覚化（ビジュアライゼーション）とは目を閉じて、まるですでに目標が達成されているかのように人生を楽しむ自分を明確に、鮮明に、詳細に頭の中に映し出す手段である。

まさに自分の在りたい場所、自分の聞きたい音、自分の感じたい感情、自分の取りたい行動を思考の目で見る行為なのだ。

視覚化は目標に到達するためにとても有用な道具のひとつでもある。それを使うことで成功の実現を早めることができるからだ。

自分の宣言について深く考えるとき、繰り返し声に出して、はっきりとしたテクニカラーで視覚化すれば、頭の中に鮮明なイメージが浮かんでくるはずだ。細部まで具体的に思い浮かべれば、宣言はきっと成功を促進する想像力を解放してくれるだろう。

以下の原則を当てはめて宣言を視覚化することから最大限の効果を得よう。

・音、匂い、味、感情をイメージに付け加える。浜辺に建つ家ではどんな音がするか？　海はどんな香りがする？　どんな気持ちを味わっているか？

・感情でビジョンの促進を促そう。強い感情が立ちはだかると、そのイメージや場面が記憶の中にずっと固定される。ビジョンに感情とエネルギーを植え付け、これを最大限利用しよう。

ほとんどの人は目を閉じてもはっきりとした3次元のイメージを見られない。それだけでなく、人は自分で思っているほどイメージを見ていないのである。

自分の目標を本当に見据え、意識を集中させるために、自分が夢見る休暇の写真、理想体重の自分の写真、黒のテスラの写真を探し、厚紙に貼り付けて、毎日見える場所に飾ろう。

カードに自分だけの宣言をフェルトマーカーで書き記し、自分の夢の家や理想の仕事の絵を描いてみるのもよい。

脳は体と著しく異なる働きをする。脳にしてみれば、想像することと実際にやることは何ら違いはない。

気づいていないかもしれないが、あたかもすでに達成されているかのように目標を視覚化すると、潜在意識は今の状況をあなたが与えた新しいビジョンに変えようとする。

自分の脳に素敵な家、美しい恋愛、楽しいキャリアのビジョンを供給すれば、それを達成するために働き始める。逆にストレスの多い仕事、不可能な偉業、失敗した恋愛といったネガティブなビジョンを供給し続ければ、それも達成しようとしてしまう。

毎日、すでに達成されたものとして一つひとつの目標を想像する時間をつくろう。夢を現実化するために欠かせないことのひとつである。1時間のビジュアライゼーションは7時間の身体的労力に匹敵すると述べる心理学者もいるほどだ。

かなり大げさな主張ではあるが、それでも、毎日繰り返せば自分の人生にどんな変化が訪れるか想像してみてほしい！

今週の自分変革宣言

❶私は毎晩寝る前に頭の中で目標が達成されている様子をイメージする。

❷私は音や匂いを心の中の絵に加えることで、成果を何倍にも増やす。

❸私は宣言を明確に視覚化する。

12週目

すでに達成しているかのように行動する

信じ、そして振る舞え。まるで失敗が不可能であるかのように。

チャールズ・ケタリング（168の特許を持つアメリカの発明家）

成功するための最大の秘訣のひとつは、あたかも自分がすでに目標としていた場所にいるように振る舞うことである。

そのためには自分が目標にたどり着いているものとして考え、話し、行動し、感じることが必要だ。「すでに達成しているかのように」振る舞うということは、潜在意識に強いメッセージを送ることでもある。

私の好きな本のひとつにリチャード・バックが書いた『かもめのジョナサン』がある。その中にこんな言葉がある。

「思考と同じ速さで飛び、どんな場所にでもたどり着くには、まず自分自身がすでにその場所にたどり着いていると悟ることから始めよ」

よいアドバイスだ。人生における最も偉大な教訓のひとつでもある。


今この瞬間からも、自分に課した目標をすでに達成しているかのように振る舞い始めることができる。外面の経験が気持ち、感情、自信、思考といった内面の経験をつくり出す。

自分がもしオールAの学生だったら、ベストセラー作家だったら、オリンピック選手だったら、営業のトップだったら、著名なミュージシャンだったら、成功した起業家だったら、あなたはどんな振る舞い方をするだろう？　どのように考え、話し、動き、着飾り、他人に接し、お金を管理するだろうか？

　成功者の振る舞いから学べることがいくつかある。彼らは自信に満ちあふれている。ほしいものを願う力を身につけている。ほしくないものについて声を上げることができる。リスクを負い、成功を祝福できる。

　そのいずれもが、今からでもあなたに始められることである。それをやるにあたりお金はかからないが、意志はいる。


　今この瞬間にも、なりたい自分になりきらなくてはならない。時間をこれ以上浪費してはいけない。今すぐ、なりたい自分になろう。その人物になりきり行動すれば、健康、財産、豊かな人間関係、社会的影響力など、人生でほしかったものがいとも容易に手に入るのだ。

　ある賢者は言った。

「潜在意識こそが深い信念やプログラムの保管されている場所である。自分の置かれた状況を変え、選んだものを自分に引き寄せたいのなら、プログラムすることを学び、潜在意識を再プログラムしなくてはならない」

　人は数千年にわたってこの理念とともに生きてきたはずなのに、実際に使える人間はわずかしかいないのだ。この言葉に自分を奮い立たせ、実行に移そう！

今週の自分変革宣言

❶私は自分が自分の在りたい場所に立っていると信じる。
❷私は本当に手に入るという確信を持ってほしいものを願う。
❸私は夢を実現させるためにしっかりとした設計図を潜在意識下に広げる。

13週目

到着地が見えていなくても行動を始める

待っているだけの人間にも何かが向こうからやってくるかもしれない。
しかし、それは突き進んだ者たちの残り物にすぎない。

エイブラハム・リンカーン（第16代アメリカ大統領）

ただ何かを知っているだけでは世の中が自分に報酬を与えないことは、成功者なら誰でも知っている。世の中は、人が何をやったかに対して報酬を出すのだ。

しかし、それがどれだけ明白であろうと、大勢の人が行動ではなく分析、計画、手配などに励んでいる。彼らは大切なことから目をそらし、自分たちが忙しくしている間にルールが変わることを願っているのである。

しかし、結局のところ、自分の知っていることや信じていることは結果を生まない。大事なのは何をするかだ。

行動に移すことを決心したその日には何が起こるだろう？　人々はあなたに注目するだろう。似たような目標を持つ人たちは協力してくれるだろう。かつては困難だと思っていたことも簡単にできるようになるだろう。支援や応援をしてくれる人が自分に引きつけられ、多くの素晴らしいことが自分のもとに流れてくるはずだ。

行動に移しさえすれば。

私が開催するセミナーでは、行動に移すことの強力さを実演するためにこんなエクササイズをしている。

１００ドル札を手に持ち私はこう言う。

「この100ドルがほしい人はいますか？」

すると多くの参加者が手を上に挙げて振り始める。「ほしい！」「俺にくれ！」と叫ぶ人もいる。だが私は100ドル札を手に持ったまま、誰かが実際に席を立ち、私の手から直接100ドル札を奪うまでそこに立ち続けるのだ。

受講者に対し、実際に立ち上がって私の手から取ることを考えたが躊躇した者はいたかと尋ねると、半分くらいが手を上げる。実際に100ドル得た人は他の受講者と何が違ったのだろうか？　重い腰を上げて、私からお金を得るのに必要だったことを実行しただけの違いだ。これこそ成功するためにはやらなくてはならないことなのである。

成功するには、成功者がやっていることをやらなくてはならない。そして成功者とは行動的な人間だ。ひとつの場面で間抜けに見えることを恐れ躊躇するなら、おそらく他の場面でも同じように躊躇するだろう。そのようなパターンを特定し、それを打ち破って躊躇することをやめなくてはならない。

ほとんどの人は失敗することを恐れて行動に移すことができない。しかし成功者は、失敗とは試行錯誤して学ぶ手段のひとつでしかないことを知っているのだ。

失敗を成功への道のりの一部として受け入れられれば、あなたも歩き始めてみる気になるだろう。道の途中で失敗し、そこから得られるフィードバックをよく見て、必要な修正を施し、目標に向かって前へ前へと進み続けるのだ。すべての経験は次に行う行動に適用できる有用な情報を生み出すのである。

これまでに、成功への基礎となるステップをあなたはすでに踏んでいる。ビジョンをつくり、具体的で測定可能な目標を設定し、それを細かく分け、成功をビジュアライズし、肯定し、自分自身と自分の夢を信じることを選択する。そして今が行動に移す時なのだ。

今週の自分変革宣言

❶私が行動することで、支援や応援をしてくれる人が常に自分のところに集まってくるようになる。
❷私は失敗しても、そこには自分にとって価値のある経験がある。
❸私は成功するために必要なフィードバックを受け入れる。

PART 3

目標に向けて踏み出そう

14週目

一歩を踏み出す

千里の旅も一歩から。

古代中国のことわざ

人が自分にとって有益なことを言うとき、また人が自分のやりたいことに関係するオファーを出してきたとき、やるべき仕事は「身を乗り出す」ことである。

世界で最も成功している人たちには、チャンスに身を乗り出す知恵と勇気があったのだ。彼らは目の前の新しい機会を観察し、何か新しいことを学び、その新しい道が自分の目標へと続いているかどうか判断したのである。

多くの場合、身を乗り出していれば最終的な成功が向こうから自分を見つけにやってくる。そのとき、自分がチャンスに対してオープンであり、成功のためならなんでもやる意志があることを確認することだ。考える時間は終わり、行動する時間が始まったのだ。

勢いとは身を乗り出したことの結果の中で最も素晴らしいもののひとつだ。夢を現実化させるために最初の一歩を踏み出したときから、勢いは蓄積し始める。

勢いは磁力だ。人、リソース、機会を自分の人生に引きつけてくれる。素晴らしいことの多くはこのようにして起こる。ただし、その力が根を張り、育ち、大きくなるためには、まず自分で地ならしをしなくてはならない。

公民権運動のリーダーでノーベル平和賞受賞者のマーティン・ルーサー・キングはこう言った。

「信じて最初の一歩を踏み出しなさい。階段の全貌が見えていなくても構わない。とにかく最初の一歩を踏み出しなさい」

最初の一歩を踏み出さなければ、それがどれだけ近いのかを知ることはできない。信じることだ。一歩進んで、身を乗り出す意志を持とう。


「まずは崖から飛び降りて、落ちながら翼をつくる」

これは作家のレイ・ブラッドベリの言葉だ。私の好きな名言のひとつである。

自分の目標を達成するのに完璧なタイミングや状況などない。虹がふたつ同時にかかったり、12羽の鳩が十字の隊形を組んで頭上を飛んだりといった特別なサインを待ち続けるあまり、やるべきことをやらないなどということは決してあってはならない。

マーク・ビクター・ハンセンと私が『こころのチキンスープ』を出したとき、私はマーケティング会社に本をまとめて売るというアイデアを思いついた。

あの本がセールスをやっている人たちにとって、夢を信じたり、より大きなリスクを負ったり、より大きな成功を達成したりする手助けになることを私は確信していたのだ。

私は飛び込みで電話をかけた。私はそういうことを一切やったことがなかった。興味がないと言われたこともあった。突然切られたこともあった。しかし結果的にたくさんの本が売れただけでなく、いくつかの会社はとてもあの本を気に入り、全国集会などで講演する仕事までくれた。

人生の大部分は現場で学ぶことであり、最も大切なことというのは実際にそれをやることでしか身につかない。あなたが今どこにいようと、在りたい場所に行きつくためには、とにかく始めなくてはならないのである。

今週の自分変革宣言

❶ 私は障害物を新しいスキル、自信、忍耐力を身につけるチャンスとして見る。
❷ 私は新しい活動に身を乗り出す。
❸ 私は道の全体が見えていなくても何かを始める意志がある。

15週目

恐怖を克服する

この世界には一度しか来ない。
痛すぎる死に方をしないよう願いながら
忍び足で人生を歩むこともできるが、
最大限に生きて満たされた人生を送り、
目標を達成して最高の夢を叶えることもできる。
ボブ・プロクター（アメリカの億万長者）

今いる場所から自分の在りたい場所へと向かう旅の道中において、恐怖に立ち向かわなければならない場面は避けられない。恐怖心を持つことは普通のことである。恐怖心は警戒を促してくれるのだ。

あなたがもし、恐怖の痛みを味わうと逆の方角へ向けて走り出してしまう人間ならば、それよりもっと恐ろしいことがあると知っておくといい。自分の望む人生を送れないことだ。人は誰しも足場を失い、仕事を失い、セリフを忘れるのだ。

こんな名言がある。

「港に停泊していれば船は安全だが、船はそのためにあるのではない」

なぜ自分がこの地球上にいるのかをもう確認したはずだ。そして目標に向かう覚悟を決めたはずだ。成功し、自分がなるべき姿になる唯一の方法は、安全地帯を離れ、自分にはできると信じることなのだ。

覚えておくべきは、恐怖とは基本的にすべて自分でつくり出すものだということだ。一度それが本物だと決めつけてしまうと、それが何の得にならなくともそれに依存してしまう。しかし、その恐怖に終止符を打ち、ネガティブなイメージに屈しない力を持つのも自分なのだ。

アメリカの作家マーク・トゥエインは言った。

「私は長く生き、多くのトラブルに見舞われたが、そのトラブルのほとんどは起こりなどしなかった」

考えてもみてほしい。あなたは実際には起こらない妄想上のトラブルを心配し、避けようとする人生を送ってはいないだろうか？

誰にだってそういうときはある。この問題の解決策は、悩みとネガティブな考えを抱くことで自分に課している限界を認識し、それに対処できるように自分の内面にある目を特訓することである。

以下の４つのアプローチは根拠のない恐怖に打ち勝つのにとても有効だ。

1　自分を怖がらせる妄想を特定する。そのイメージを対照的なポジティブなものと取り替える。宣言としてそれを書く。

2　恐怖の身体的な感覚に目を向け、代わりに自分の感じたい感覚に意識を集中する。

3　恐怖に打ち勝ったときのことを思い出す。たとえば人前で話す、大事な試験に合格するといったことだ。

4　身動きできなくなるほど大きな恐怖なら、リスクを減らしてみる。最初の一歩は小さくし、大きな挑戦には後で挑むようにする。

今週の自分変革宣言

❶ 私は自分の恐怖に立ち向かい前へ進む。
❷ 私は恐れていたことをやることで成長する。
❸ 私は自分でつくった存在しない恐怖のイメージや感覚を自分の望む結果のポジティブなイメージと感覚に塗り替える。

16週目

努力を惜しまない

鍛錬とは、素晴らしい人間になったときにするものではない。
鍛錬があなたを素晴らしくさせるのだ。

マルコム・グラッドウェル（ベストセラー『天才！』の著者）

すべての成功例の陰には、忍耐と献身の物語がある。成功に必要なことをするには、時間と労力を惜しまない心構えが必要なのだ。

多くの場合、それは複数の分野で何度も試行錯誤し、常に実践に励むことを意味している。やらなくてはならないことをする意志こそが、つまずいたとき、挑戦するとき、壁にぶつかったとき、背中を押してくれるのである。

私はベア・ブライアント（大学アメフトリーグの有名コーチ）のこの言葉が好きだ。

「勝ちたいという意志は重要ではない。誰もがそれを持っているのだから。大事なのは勝つための準備をする意志なのだ」

勝つための準備とは、あらゆる手段を用いることである。いつもより早く仕事に行く、より多くの講座を受ける、毎日ピアノを練習する時間を一時間増やす。

努力を続ければ周囲から頭ひとつ抜きん出られるのだ。

マルチタレントで億万長者のオプラ・ウィンフリーは幼いころ苦労したが、決意は固かった。彼女は自分自身を信じ、技を磨いたのだ。今では世界で最も成功した女性のひとりである。

そんな彼女が成功の秘訣について聞かれたとき、彼女はこう答えた。

「そんな秘訣などありません。目標が何であっても、努力する意志があればそこにたどり着けるのです」

あなたは自分の目標や夢を叶えるために必要な努力をする意志はあるだろうか？　支払うべき対価の一部は、どんな手を使ってでも目の前の仕事を終わらせる気持ちだ。言い訳の余地はない。ノーベル文学賞を受賞したアーネスト・ヘミングウェイは『武器よ、さらば』を39回も書き直している。

目標を設定し、成功の手助けになることを本気で練習したらどれだけのことを達成できるか想像してみてほしい。

他人が自分を専門家や信頼できる人間だとみなしてくれるところにたどり着くためには、自分にできることをなんでもしなくてはならない。高いプロ意識を保ち続けてさえいれば、きっと長きにわたって利益を得られるだろう。

私の講座で生徒に与えている大事なアドバイスのひとつは、支払わなければならない対価を調べることである。コストがわからないのにどうやってそれを支払うことができるだろう？

コストとは金銭的なものかもしれないし、健康、時間、労働、もしくは家族と離れる時間といったものであるかもしれない。支払わなくてはならないコストが何かわかったら、それが自分にとって正しいことか、それとも地平線の向こうにもっとよいものがあるのか決めるといい。

選択肢に対してオープンな態度で臨み、心の準備を整えることを忘れてはならない。神は他にもっとよいものを準備してくれているのかもしれないのだ。

今週の自分変革宣言

❶私は目標を達成する対価を自分なりに支払う意志を持つ。
❷私は成功し目標を達成するためにあらゆる手段を用いる。
❸私は目標を達成するために必要な時間、財産、労力を投資する覚悟がある。

17週目

人に頼む

とにかく頼め。私に言わせれば、
頼むことはこの世で最も強力でありながらも
無視され続けている成功と幸せへの秘訣だ。
パーシー・ロス（億万長者、慈善家）

もし自分がほしいものを頼むだけの勇気と自信がなかったら、起こり得る最悪の事態は何だろうか？　まず、ほしいものは手に入らないだろう。さらには自分を究極の成功へと導いてくれるものを自ら拒んでいるのかもしれない。

頼んだ場合はどうか？　イエスかノーの答えが返ってくる。ノーは単純にそれが正しい扉ではなく、正しい扉が見つかるまで次々と扉をノックし続けなくてはならないということである。反対にイエスとは、正しい人に十分な回数頼んだということなのだ。

頼むという行為は最も強力な成功理念のひとつである。しかしそれを実際にやるのは難しく、ほとんどの人は躊躇してしまう。

また時として、ほしいと思っているものが自分にとって最もよいものではないことがある。あるいは時として、頼んでいた以上のもの、頼んでいたよりもよいものを得てしまうこともある。

人生においてほしいものや必要なものを頼む場合の技がある。マーク・ビクター・ハンセンと私はThe Aladdin Factorというそのことだけが書かれた本を出している。以下がその本から抜粋した秘訣の一部である。

・得られることを期待して頼め。
・自分にはできると思い込め。自分に不利な思い込みはするな。
・与えられる人間に頼め。それが誰か調べろ。
・明確で具体的に。お金に関する頼みごとは正確な額にする。
・特定の行動を人に要求するときは、その人に何をしてほしいのか正確に言う。

何度も頼もう。最も大事な成功理念はしつこくあることだ。自分の目標を達成する過程に他人を参加させようとすれば、ノーと言ってくる人もいる。おそらく断るだけの理由があるのだろう。それは別に自分を非難しているわけではない。

頼んでもいないうちにノーと言われると思ってはいけない。他人がする前に自分を拒絶しているだけだ。もしノーと言われても、別に何も変わらないし、以前より立場が悪くなるわけではない。もしかするとイエスが返ってくるかもしれない。

誰も欲張りや馬鹿に見られたくないことは理解できる。だが人はただ、断られるのが怖いだけなのだ。「ノー」という単語を聞くのが怖いのである。

それを真に受けるのをやめよう。資質だけでなく粘り強さも持たなくてはいけないのだ。成功したいなら頼め！

今週の自分変革宣言

❶私は自分のほしいもの、必要なものはイエスという返事が返ってくることを期待して頼む。
❷私は明確かつ具体的に物事を頼む。
❸私は成功するまで頼み続ける。

18週目

断られても気にしない

私たちは拒絶が自分を打ちのめすのを許さない。
拒絶は決意をより強固なものにさせるだけだ。
アール・G・グラベス（出版者）

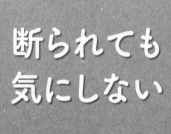

成功への道のりの中で、断られる場面に出くわすこともあるだろう。それは人生においてとても自然なことだ。採用に応募しても断られるかもしれない、チームの一員に選ばれないかもしれない、仕事を貰えないかもしれない。

そんな拒絶を乗り越え前に進むには、拒絶というものをありのままに見なくてはならない。それは単なる間違った概念なのだ。

応募が通らなくても、チームの一員になれなくても、別にそれを願う前より状況は悪くなっていないではないか。何も変わってなどいないのだ。

自分から何も奪われてはいないのである。銀行に5万ドルの借金を依頼して断られたとしよう。だからといって、断られる前にその金を持っていたわけではない。そして今も持っていないだけなのだ。

断られたことを悲しむのではなく、なぜ断られたのかよく考え、提案に磨きをかけ、また別の金融機関に頼めばいい。頼んだところで何も失わない。むしろ得られるものがあるかもしれないのである。

今日、成功への過程の中で断られる場面に出くわすことを受け入れよう。「ノー」を「次へ行こう！」に変換するよう思考を訓練しよう。

カーネル・サンダースは圧力鍋とフライドチキンの秘密のレシピを持って家を出た

後、同じ夢を共有してくれる人が見つかるまで1000回以上も断られている。1000回以上も拒絶されたからこそ、現在世界100か国以上に1万9000を超える店舗を構えているのだ。

ほしいものを手に入れるまでには時間がかかるかもしれない。しかし、時としてこの宇宙はまた別の（もしかすると元よりもよい）計画を持っている。頼む前より状況が悪化するわけではないのだ。諦めるな。ふてくされるな。別のチャンスを探せ。

1991年の秋、マーク・ビクター・ハンセンと私は、出版社に対して2人の最初の原稿『こころのチキンスープ』の売り込みを始めた。私たちはニューヨークへ飛び、会うと言ってくれた大手出版社を回った。興味を持ってくれる出版社はひとつもなかった。

「短い話の寄せ集めでは売れない」「このタイトルはダメだな」といったお断りの言葉をいくつも聞いた。その後、私たちは原稿を送っていた20社からも断られた。こうして30回以上断られた後、私たちのエージェントまでもが原稿を返却してきた。とにかく売れなかったのだ。私たちは「次へ行こう！」と言った。

翌年の春になって、マークと私はアナハイムで開かれたアメリカ書店協会のブックフェアに参加した。ブースを渡り歩き、耳を傾けてくれた人全員と話した。私たちは断られ続けた。それでも私たちは「次へ行こう！」と言ったのだった。

ブックフェアのとても長い二日目の最後、薬物依存とリハビリ関連の本を出版するHealth Communications, Inc の経営者、ピーター・ヴェグゾとギャリー・セイドラーが私たちの原稿に目を通してくれることになった。彼らはとても気に入ってくれた。100を超える「次へ行こう！」がようやく報われたのである。

私たちの最初の本は1000万部以上を売り上げ、250冊ものシリーズになった。それらは43の言語に翻訳され、5億部を超える売り上げを達成したのである！

私からのアドバイスは、うまくいくことを信じ、「次へ行こう！」と言うことを覚えることだ。

今週の自分変革宣言

❶私は自信を持って頼みごとをする。
❷私は自分の目標、もしくはそれ以上のものを達成するまでやり通す。
❸私はノーと言われても気を落とさず、イエスと言われるまで前へ進む。

19週目

フィードバックを活用する

フィードバックはチャンピオンたちの朝食だ。

ケン・ブランチャード＆スペンサー・ジョンソン（アメリカのビジネス書作家）

ポジティブなフィードバックだけをほしがってしまうのは人間の性《さが》というものだろう。しかし建設的に構成されているネガティブなフィードバックにも大きな価値があり、それは成功するうえで必要不可欠なものかもしれないのだ。

ポジティブなフィードバックは自分を幸せにしてくれる形で入ってくる。職場での昇給や昇進、ノルマを超える営業成績、愛がある交流、などなど。そういったことはただ自分を幸せにするだけでなく、自分が正しい道を歩み向上していることを指し示している。

逆にネガティブなフィードバックは自分を不幸せにする形で入ってくる。金欠、家庭内での対立、予期せぬ破局、失業、などなど。しかしそれらにも価値はあるのだ。あなたが考え方や振る舞いを変える意志を持っているならば。どこかで曲がるはずの角を見逃したのかもしれない。もしくは間違った道に迷い込んでしまったのかもしれない。

言い換えると、成功するにはポジティブでもネガティブでもすべてのフィードバックに注意を払い、対応することを学ばなくてはならない。なぜなら自分が何を正しくやっていて、どこが間違っているのか、どこを変える必要があるのかを教えてくれるからだ。

言葉によるフィードバックと言葉によらないフィードバックの違いについて話そう。言葉によらないフィードバックは、ボディランゲージや行動、態度の形で入ってくる。野球の試合を観に行ったら、7回の時点で客席がガラガラになっていたことはないだろうか？　それは行動によるフィードバックだ。地元チームが負ける姿を観るよりも、帰りの渋滞に巻き込まれないほうが大事だとファンは言っているのである。

少しわかりにくい例を出そう。あなたの会社に大きな注文をくれた顧客が、次の注文は競合他社に出していたことはないだろうか？　これも言葉によらないフィードバックであり、何かが間違っていたことを伝えている（同時にさっさと電話をかけて何が起きたのかを聞けとも伝えている）。

言葉によるフィードバックは他人が自分に話す形で入ってくる。たとえば会議に遅れたとしよう。上司が同僚の前で自分を叱ったとしたら、それはとてもわかりやすい形で入ってくる重大なフィードバックである。

しかし最高の言葉によるフィードバックは自分から求めるものだ。自分の仕事の質について上司に聞く。顧客に対して仕事をやりやすくするために自分にできることはないか聞く。配偶者に対してどうすれば自分がもっと思いやりを見せることができるか聞く。今日からさまざまな形で入るフィードバックをしっかりと受け止め、対応する取り組みをしよう。

フィードバックへの非生産的な反応の仕方についても話そう。
諦める：フィードバックはただの情報だ。批判ではなく自分の軌道を修正するためのものととらえるべきであり、別に感情的になる必要はない。止まれの標識ではなく、警告の標識だと考えるといい。
怒る：気に食わないフィードバックを誰かから受け取り、その人に対して敵対的になってしまった経験はあるだろう。話が気に食わないだけで人間関係や有益な情報を逃してはいけない。
フィードバックを無視する：自分の考え方と一致しない限りどんな意見も聞かない人をあなたも知っているだろう。そういう人になってはいけない。耳を傾け対応するだけで、フィードバックは大きく人生を変えてくれるかもしれないのだ。

今週の自分変革宣言

❶私はフィードバックを歓迎し、感謝し、活用し、贈り物として受け入れる。
❷私は率直にフィードバックを聞く。
❸私はフィードバックを活用し、自分の行動を調整して前へ進む。

PART 4

努力を続けよう

20週目

限りなく成長する

人には生まれながらにして終わることなく学び、育ち、成長したいという欲求がある。この継続的で終わることを知らない成長に力を注げば、終わることのない達成感と満足感のあふれる人生を送ることができる。

チャック・ガロッツィ（自己啓発作家）

もっと成功したいなら自分に問うといい。どうすればこれをもっとよくできる？　どうすればもっと効率よくできる？　どうすればもっと利益が出る？　どうすればより多くの人に価値をもたらせる？　どうすればもっと愛を込められる？

おそらくあなたの所属する業界も含め、ほとんどの業界は光の速さで変化している。技術も情報も、だ。今の高校生はスマートフォンやインターネットがなかったころを知らない。別にＩＴの達人になる必要はない。しかしペースには追いつかなくてはならないのである。

仕事や資産管理も同じである。自分の技能は時代に追いついているか？　もしあなたが親であるなら、素晴らしい子どもを育て成功に満ちた大人になる準備をさせるためにどんな新しいことを発見しているだろうか？

継続した学習が成功の秘訣であることが明らかになった今、テクノロジーや自分の仕事の分野だけに学習の焦点を絞ってはいけない。たとえば配偶者や子どもとの関係の改善や、より健康な体づくり、新しい趣味など、継続した学習は人間としての成長にもつながるのだ。

仕事に関して言えば、終わらない改善とはカスタマーサービスの向上であるかもしれないし、商品の品質の向上かもしれない。オンラインマーケティング戦略の改善かもしれないし、営業スキル、チームワークスキルを磨くことかもしれない。健康とフィットネス、お金を扱う能力、対人スキルなどの向上に取り組んでもいい。オンライン上のリソースを活用し、座禅、ヨガ、祈りなどを通して内面的な調和のさらなる発展をめざしてもいい。

大事なのは学び続け、成長し続け、発展し続けることである。自尊心や魂にもよい影響を与えるだろう。それはきっと仕事と仕事以外の人間関係もよくさせるはずだ。

自分の能力を磨き、態度を変え、家庭や職場での生活を改善するにあたっては、小さく、手に負えるくらいの変化をめざすところから始めることで、長期的な成功の確率を上げることをお勧めする。

たくさんのことを一気にやろうとすると、その大きさに圧倒され、もしかすると失敗へと突き落とされるかもしれない。代わりに細分化をしてみよう。小さなステップから始め、それができたら、今度はもっと大きなものに挑む。自信もつくし、成功するという意志の再確認にもつながる。ここで覚えておいてほしいことがふたつある。

1　ステップを飛ばさない。私たちは、即座に満足感が得られることを期待してしま

う。しかし何かを習得するには、その専門性、見識、知恵を生む経験の深さと広さを時間をかけて築き上げなければならない。

2　ちょっとした前進を心がけよう。毎日ちょっとだけ多くしたりちょっとだけ少なくしたりすることには意外なほど効果があるのだ。

あと数回腕立てをする、あと少しだけ瞑想する、あと少しだけ眠る、ワインを一杯減らす、テレビを観る時間を一時間減らす、というように日々の習慣を変えてみよう。テレビを観る時間を一時間減らしたら、その時間を使ってあと数件営業の電話をかけたり、本を読んだり、運動したり、ヨガをしたり、瞑想したり、人間関係を深めたりできるのではないだろうか？

今週の自分変革宣言

❶私はどうやったら物事をもっとよくできるか、より大きな愛を持って取り組めるか、自分自身に問い続ける。
❷私は日々新しいことを学び上達する。
❸私は目標の達成に向けて小さなステップをコツコツ登っている。

21週目

数字で達成度を把握する

測れないのならそこに成長はない。

ピーター・ドラッカー（経営学者）

小学一年生のとき、課題がうまくできたり、時間どおりに登校できたりしたら先生が星マークをくれたのを覚えているだろうか？　お父さんとお母さんに成績表を見せて、自分がどれだけよく学んでいるかを知らせたことを覚えているだろうか？

そんな小さかったころから何も変わってはいない。人は大人になっても自分の成功を記録して、成長を見るのが好きなのだ。今は成績ではなく、ポジティブな振る舞いや金銭的利益、達成した目標を記録すればいい。過去と将来の夢に対し、相対的に自分が今どの位置に立っているかがわかるだろう。

私生活、そして仕事での目標達成に向けて、自分の進歩を記録する癖をつけよう。自分のやることに責任を持ち、意欲と責任感を高めるために、いつも見える場所に自分のスコアを掲げよう。

幼いころは、ビー玉の数、水の中で息を止めていられる秒数、サッカーで決めたゴールの数など、自分にとって大事なものの記録を取ったはずだ。自分が得意だったもの、自慢だったもの、もっとやり遂げたかったものの進歩を管理していただろう。

仕事やビジネスの世界でもそれは大して変わらない。あなたもベンチマークをつくって、それを超えたいだろう。なぜならそれこそが利益の増加や仕事能力の向上を表すからだ。そんな目標をつくり、進歩を記録するには、到達したい目標のチェックリストが必要だ。

たとえば資産管理の世界では、管理下にある資産に対し何パーセントの利益を上げられるかが重要だろう。ヘルス・スパ業界では、客にどれだけ追加のプログラムを申し込んでもらえるかということがそれに当たるのかもしれない。

自分にとって重要な数値項目が何であるのか、明確にしよう。なぜならそれこそが継続して意欲を保ち、目標を達成し、超えるためのカギなのだから。


無論、スコア管理はビジネスやキャリアにだけしか適用できないものではない。自分の私生活においても使うことができる。

あなたが平日と休日合わせて60時間働いているとする。それが自分と家族との関係や健康にどれだけ影響を与えているかを知りたいなら、それぞれのエリアにおけるスコアを管理してみよう。

シリコンバレーにおける伝説的な投資家であるビノッド・コースラは、自分の子どもが小さかったころ、夕食の時間までに家に帰れた日数を記録していたという。単純に家族と過ごす時間を増やしたいと「口にする」だけではダメなのである。それを「実際にやる」ために努力しなくてはならない。スコアを管理すれば達成できるはずだ。

もしすべてのエリアで高い成功を収めたいのなら、自分の人生、家族との時間、健康、健全な生活、そしてコミュニティ、社会、人類への貢献それぞれにおいて目標を定めなければならない。

目標を設定し、そこに到達するための計画を立てよう。そして上に挙げたすべてのエリアでのスコアを管理するのだ。これはそれほど重要なことなのである。

今週の自分変革宣言

❶私は目標を見える場所に掲げて成果を随時更新する。
❷私は自分の進歩を真剣に記録する。
❸私は仕事や家庭、健康、娯楽、コミュニティ等々のために費やした時間を管理し、人生のバランスを保つ。

22週目

粘り強く前進する

最も有名な勝者でさえも、勝利にたどり着くまでに心をくじくような障害に
直面していることは歴史が証明している。
彼らは敗北に心を折られることを拒否するから勝つのである。

B・C・フォーブス（フォーブス誌創設者）

歴史は粘り強くなることの大切さを表す例であふれている。あらゆる時代における有名な勝者は、勝利への途上において必ず困難に直面している。しかし彼らは、敗北することを拒んだのである。

彼らから粘り強く前進するための強い意志を学ぼう。

・ヘンリー・フォードの初期の事業はことごとく失敗し、自動車メーカーのフォードを興すまでに5回も無一文になった。

・ウォルト・ディズニーは複数の事業に失敗し自己破産した。なんと、想像力とアイデアの欠如を理由に新聞社から解雇されている。

障害にぶつかったとき、粘り強さは不可欠な資質であり、成長と繁栄の種なのである。

忙しいことと粘り強いことは大きく異なる。それに気がつくのは早ければ早いほどよい。それぞれの目標に対し、成功するために必要なステップを記した計画はすでにつくったはずだ。時には献身と粘り強さが自分を日々の活動に没頭させすぎて、目標そのものが見えなくなってしまうことがある。忙しさに自分の本来の目標への焦点を曇らせてはいけない。

夢を叶えるためではなくただ時間を潰して過ごしているなら、それは自分の才能を最大限に活用できていないことと同じである。引き寄せの法則は、ポジティブで生産的なエネルギーをよりポジティブで生産的なエネルギーで報いてくれることを覚えているはずだ。

こんな名言がある。

「困難とは、より素晴らしいものへとつながるチャンスである。もっと大きな体験への踏み台なのだ。扉がひとつ閉じれば、他の扉が必ず開く。自然の摂理がそうさせるはずなのだ。バランスを取るために」

粘り強さを糧に成功に身を捧げた人物をもういくつか挙げておく。

・ロバート・ピアリー提督は北極点到達を8回目でようやく成し遂げる前に、7回も挑戦したのだ。
・トーマス・エジソンは電球を完成させるまでに1000回も失敗している。
・オスカー・ハマースタインは、269週にわたって上演され、700万ドルの興行収入を誇ったブロードウェイ・ミュージカル『オクラホマ！』で大成功するまでに、5つの舞台を失敗させている。

あなたは目の前に立ちはだかるどんな障害も越えられる。そのために役立つアドバイスをしておこう。

障害にぶつかったときは、最低でも3つの解決策を考え、一つひとつ念入りに検討することだ。そして一番よい解決策を選び、あとは粘り強く進め！

今週の自分変革宣言

❶私は日々目標を追い求めるために粘り強さを実践する。

❷私は日々の鍛錬を怠らず、自分の夢と希望を信じる。

❸私は必要ならば自信を持って別の行動をとる。

23週目

「5の法則」を実践する

成功とは日々繰り返される小さな努力の積み重ねである。

ロバート・コリアー（ベストセラー作家）

マーク・ビクター・ハンセンと私が『こころのチキンスープ』を出したとき、どうしてもこの本をベストセラーにしたかった私たちは、15人のノンフィクションベストセラー作家にアドバイスをお願いした。さらに、出版とマーケティングの第一人者も訪問した。またジョン・クレマーの名著『あなたの本を売る1001の方法』も読んだ。

ロン・スコラスティコという素晴らしい先生の教えも仰いだ。先生は私たちにこう言った。

「もし大きな木を、毎日鋭い斧で5回切り込んだら、その木がどんなに大きくても、いつの日か必ず倒れる」

とても筋の通った話で、それに基づき私たちは「5の法則」をつくり上げた。5の法則とは単純に、目標の達成に向けて何か5つのことを毎日やることである。

ぜひ、やってみてほしい。自分の目標の達成に近づけるようなことを毎日5つこなしてみるのだ。

『こころのチキンスープ』をニューヨークタイムズのベストセラーリストに載せるという目標を達成するために、私たちは5の法則を毎日実践した。ラジオのインタビューを5つ受ける、評論家に本を5冊送る、マーケティング会社5社に対しセールスマンの意欲向上という名目で本を買わせる、5人以上を対象にセミナーを開き、会場の後ろで本を売る、といったことだ。

電話をかけたり、プレスリリースを書いたり、トークショーに出演したり、講演会で本を無償で配ったり、教会で無償の講演などもやった。私たちを呼んでくれたすべての書店でサイン会をやった。ギフトショップやカードショップ、果てはガソリンスタンド、パン屋、レストランにまで本を置いてもらった。とてつもない労力が必要だったが、自分たちの目標を細分化し、毎日粘ったおかげで、見事にうまくいった。

そうそう、『こころのチキンスープ』を出版しておよそ一年経ってから、ようやく念願のベストセラーリストに載ることができた。「5の法則」を続けたことが成功へとつながったのだ！

自分にはできないなどと思ってはいないだろうか？　いや、もちろんできるに決まっている。目標に専念していれば、誰だって一日に5つのことくらいできるのだ。

5の法則を使って自分だけのサクセスストーリーをつくろう。他の誰も自分の夢や目標を決めることなどできない。他人の夢を追っても決して充実感や満足感を見出すことはできない。

自分がつくった目標のリストを見てほしい。それらを達成するために自分が毎日できる5つのこととは何だろう？

昇給や昇進が目標なら「毎日早めに出社する」「身だしなみを整える」「顧客を満足させるためにもう一歩踏み出す」「上司の期待を超える」などがあるだろう。

もし出世競争から脱出して海の近くにコテージを買うのが目標なら「出費を抑えて貯金を増やす」「今住んでいる家をより高く売るためにリフォームする」「よい条件の家を探してくれる不動産屋を探す」「現在の収入を増やすための手を打つ」といったことができるだろう。

あなたの目標、特にブレークスルー目標は何だろうか？　日々の暮らしに5の法則を取り込めば、必ず迅速に目標に到達できるはずだ。

今週の自分変革宣言

❶私は迅速に自分を目標達成へと向かわせることを見つける。
❷私は粘り強く「5の法則」を日々実践している。
❸私は毎日達成感を得ている。

24週目

相手の期待を超える

あなたがもうひと頑張りした先に、他の人はいない。

ウェイン・ダイアー（アメリカの自己啓発作家）

目標を達成できる人は、期待を超えることで周囲から目立つことを知っている。切羽詰まっているとき、人手が足りないとき、平均以上の注意力が必要な特別プロジェクトがあるとき、白羽の矢が立つのは彼らなのである。頼れる人材、仕事を終わらせられる人材、期限を守れる人材として彼らは知られているのだ。

成功する人は、人より多くのことをこなし、期待を超える。その対価はとても大きなものである。彼らはいずれさらに多額の金銭的報酬を手に入れ、自信や影響力の向上といった形で人間的にも成長するだろう。それだけにとどまらず、彼らは日々の終わりに深い満足感と充実感を得ているのである！

期待を超え、もうひと頑張りすることは選択の問題だ。したがって誰でも卓越した成功を手に入れ、自分の分野で秀でることができる。

支払われている報酬以上の働きをすることは、自分の同僚にとってよくないことであるという考え方が今日の世の中にはある。ひとりが優れていると周りが相対的に悪く見えてしまうからだ。

現代の企業が直面している主な問題のひとつは、社員が誰も今より頑張って働きたくないことである。皆、自分のことしか考えていないのだ。ほんの少し長く働くことは公平ではないとか、経費に上限を設ける行為は社員を信頼していない証拠だとか、服装に関する規定は自分たちの嗜好を侵害しているとかいったことを彼らは信じているのである。

しかし、このような自分勝手な個人主義はうまくいかない。彼らは昇進の対象にはならない。誠実さや信頼性があることを証明できておらず、影響力も築き上げていないから、重要な計画やブレインストーミングの場から除外されてしまう。

評判は最も重要な財産のひとつだ。あともうひと頑張りしていれば必ず誰かが気づくだろう。それは雇い主かもしれないし、自分が成長できるチャンスを与えてくれる人かもしれない。

期待を超えると、自分が個人として、社会人として報酬を手にするだけでなく、自分のコミュニティ、会社、同僚、家族もその恩恵を受ける。皆が勝ち、皆が前に進むのだ。

仕事や職場以外の場面で自分が期待を超える働きのできる場所はどこだろうか？

現代社会においては誰もが忙しすぎて、隣人のちょっとした修理の手伝いや、公園での空き缶拾い、老人のためにドアを開けてあげるといったことをしないでいる。赤ちゃんを連れた母親に席を譲ったり、杖を持っている人が道路を渡る手助けをしたりということもする人は少ない。

ちょっとした慈善的な行動は、誰かの一日を明るくするためのもうひと頑張りだと言える。そしてそれをやるのにコストはかからないのだ。

それに加えてご褒美もある。アメリカ国立衛生研究所の研究によれば、他人のために尽くす行為は楽しさや社会的つながり、信頼に関係する脳の部分を活性化させるそうだ。また、利他的行為は脳内でエンドルフィンを放出し「ヘルパーズハイ」と呼ばれるポジティブな感情を呼び起こすと科学者は主張している。

あなたは他人のためにどんなもうひと頑張りができるだろうか？　皆を驚かせて、彼らの期待を超えてみよう！

今週の自分変革宣言

❶私は期待を超える働きをし、約束以上の結果を出す。
❷私はあともう少しやることによって満足感や金銭的報酬を得ている。
❸私はあとほんの少し頑張ってあとほんの少し人に貢献する。

25週目

自分の周りを
成功者で固める

あなたは自分が最も一緒に時間を過ごす5人の人たちの平均である。

ジム・ローン（自己啓発作家）

シカゴの高校で歴史の教師として働き始めたばかりのころ、私は教員休憩室を「愚痴り部屋」と名付けた。タバコの煙が雲となって漂い、ネガティブな感情が部屋の空気として流れていた。

「あんな連中に教えるのなんか無理だって。あいつらは手が付けられない」といった愚痴を聞くのはうんざりだった。ネガティブな意見、批判、非難が常に休憩室に満ちていた。

愚痴り部屋に出入りせず、常連の教師たちとかかわらないことで、私の日々は大きく変わった。一年目の新人教師だったのに、生徒たちから「年間最優秀教師」に選ばれたのである。図書館に常に席を占め、障害にぶつかっても乗り越えられると信じている意欲的な教師たちのグループに加わったからだ。

私は自分自身が成功したかったし、生徒たちにも成功してほしかった。だから前向きで力強い教師であることを選んだのである。あなたにも同じ選択ができるのだ。

親は自分の子どもに対し、特定の子どもとかかわらないよう言いつける。人はともに過ごす人に似ることを知っているからだ。もし成功したいなら、親のアドバイスを受け入れ、成功している人たちと一緒に過ごそう。

先日、友人の女性とばったり会った。彼女は成功している独身男性と出会うことがどれだけ難しいのかを力説した。どこでそんな相手を探しているのかを尋ねると、彼女は地元のバーやナイトクラブの名前を列挙するではないか。そこで私は彼女に、もっとちゃんとした独身男性がいるような場所で探すことを提案したのだった。

あなたの友人や仕事のパートナーに関しても同じだ。

自分の属する業界団体で積極的に活動し、学会や講演会に出席し、研修に参加し、いろいろな市民団体に所属してみよう。ボランティアをしてみよう。飛行機に乗るときは可能な限りファーストクラスやビジネスクラスにアップグレードし、トランジットの際は航空会社のプレミア・ラウンジを利用しよう。成功者に会える場所はたくさんある。彼らが行く場所に行ってつながりをつくろう。

私のメンターは非常に価値のあるエクササイズを教えてくれた。あなたもぜひ試してみてほしい。

まず、日常的にともに過ごす人たちのリストをつくる。家族や同僚、趣味の仲間などだ。次に、ネガティブで有害な人の名前の隣にマイナス（－）を書き、ポジティブでちゃんとしている人の隣にプラス（＋）を書く。

家庭や職場に有害な人たちがいないだろうか？　友だちはあなたを元気づけてくれ

ているだろうか？　自分の人生にポジティブな影響を与えているか、それともネガティブな影響を及ぼしているかだけを基準に、それぞれの人物について正直に判断しよう。

ここからが難しいところだ。マイナスをつけた人たちの勢力圏から自分自身を排除するのだ。最低でも、一緒に過ごす時間を減らすくらいはしよう。そんな人たちを、プラスをつけた人たちのような新しい人物と取り替えよう。あるいは、ポジティブな影響を与えてくれる人と過ごす時間を増やそう。

他人のネガティブな感情に影響を受けない程度に成長するまでの間は、一人で自分の夢を想像していたほうがましなのだ！

今週の自分変革宣言

❶私はポジティブな人たちで自分の周りを固める。

❷私は他人をけなすのではなく称賛できる人たちと時間を過ごす。

❸私は学び続ける意志を持った幸せな人たちに囲まれている。

PART 5

やる気を高めよう

26週目

自分の過去の成功を思い出す

よい仕事をした日のように人生を振り返り、私はとても満足している。

グランマ・モーゼス（76歳で絵を描き始めてアメリカの国民的画家となった女性）

今日は過去の失敗への見方を変えるやり方を学ぼう。そして過去の成功を発見するのだ。

私は前に、強い感情と刺激（匂い、音、味、視覚、感触）の伴う過去の出来事を覚えるよう脳がつくられていることを話した。多くの人は過去に達成した成功の数を過小評価している。なぜなら、時間とともに、人の脳は失敗を覚えるよう調整されてしまうからだ。

ほとんどの人にとって、先週犯した失敗を10個挙げるほうが、先週達成した成功を10個挙げることよりも簡単だ。

この現象が起こる理由のひとつは、物事に対して失敗のレッテルを貼る基準が、頭上はるかなところにある成功の基準に比べてとても低いことにある。

小さな成功を祝福する手助けになる宣言を使い、有能で、見識があり、働き者で、成功していたときの自分を思い出せるよう脳を再訓練しよう。

自尊心への影響から考えると、過去の成功を認めることはとても重要なことである。たとえばあなたと私がポーカーをしているとしよう。あなたはチップを10枚、私は200枚持っているとする。一度か二度、ベットを失えばあなたは負けてしまうが、私の場合はそのままゲームを続けられる。なんと40倍も長くだ！

自尊心はそれに似ている。より多く持っていれば、より多くのリスクを負い、より長くゲームに参加し続けられるのである。

高い自尊心を持っていれば、失敗したとしてもそのことで心が折れることはない。肩についたゴミを払って「次へ行こう！」と言い、そのまま別のアプローチを使ったり、別のチャンスに飛びついたりして前に進むだけだ。

成功していたときの自分に脳が集中する手助けをするため、私は以下のエクササイズをよく教えている。

1　自分の人生を三つの時期に分ける（たとえば0歳から15歳、16歳から30歳、31歳から45歳）。

2　それぞれの時期で成功したことのリストをつくる。できるなら、人生の中で成功したことを100かそれ以上挙げる。

3　そのリストをいつでも見られる場所に貼り、自尊心が落ち始めたらそれを見る。

過去の成功を認めてあげる他の方法もいくつか見てみよう。それぞれ独特で効果的だ。

・勝利の記録をつくる：日々の成功を随時記録する。一日の終わりにそれを見れば、どれだけの数があるか自分でもびっくりするだろう。週の終わりにはきっと驚愕するだろう。月の終わりには有頂天になるに違いない。

・ミラー・エクササイズ：鏡の前に立ち、自分自身の目を見て、名前を呼び、その日自分が成し遂げたことに対して声を出して称賛する。仕事での成功、達成した目標、避けた衝動など。毎日寝る前に行い、最低でも40日は続けよう。

今週の自分変革宣言

❶私は大きな成功も小さな成功も喜んで祝福する。

❷私は目標を達成したら必ず自分にご褒美を与える。

❸私はどの目標に到達しても、素晴らしい達成感を味わう。

27週目

目標から
目を離さない

生まれつきの能力は重要だ。
しかし、集中力とやる気とポジティブな態度があれば、
そんなものがなくても成功する。
クリスティン・スウィートランド（トライアスロンのオリンピック選手）

成功している人はとにかくポジティブだ。彼らは目標に集中し、可能性で物事を考え、行動を起こすときはポジティブな結果を期待している。

あなたも目標に目を向け続けることができる。

その第一歩は、自分にとって最も大事な目標を特定することだ。人生を充実させ、人としての自分を変えるような目標だ。心が弾むような、人とのよい関係が築けるような目標でもある。

その次の一歩はその目標を「赤ちゃんの歩幅」まで細かく分けることだ。一つひとつをゆっくりながらも着実に目標に近づけるタスクに分けるのである。そのステップがわかったら、気が散るようなものを取り除き、それだけに集中するのだ。

たとえば自分の目標が小さな会社を興すことであれば、一歩一歩のチェックリストは業界の調査、費用の捻出、財源の確保、自分個人の貯金の積立、商品を供給するベンダーの調査、自分のサービスを提供しビジネスを売り込む手助けをしてくれる下請け業者を探すといったことになるだろう。

目標がなんであろうと、踏まなくてはならないステップを詳細にリスト化すれば、日々何に専念すればよいのかがわかるはずである。

あなたも日々のタスクや到達すべき通過点をリストにして、大局に集中する習慣をつけることができる。

スマートフォンを使っていても、パソコンのアプリを使っていても、紙の一覧表を使っていても、自分の目標に集中し常に頭の隅に置いておくことは、それを達成する手助けになるということは確かだ。ほとんどの成功者は、なんらかの形の to-do リストがなければそこにたどり着けなかっただろう。それはあなたも同じだ。

達成するのにどれだけ時間がかかろうと、ちゃんと機能する to-do リストを一度手に入れれば、タスクをこなすうえで役立つ別の日課を加えるなどということもできる。

成功する人が使う戦略にはどんなものがあるだろうか？
・一日で最も重要なタスクを終えてから、昼の12時以降にメールの返信をする。
・最も困難なタスクは朝一番で済ませる。
・人と会うアポは最も重要なタスクを終わらせた後、週の後半に予定する。

一日の最後の45分に何を体験するかは睡眠に大きな影響を与える。それが夜のニュースを見ることなら、戦争、犯罪、自然災害、政府のスキャンダルなどが潜在意識に刷り込まれる。その代わりに、自分を目標に向けて進ませるような思考を潜在意識に埋め込んでみてはどうだろうか。

次に紹介するエクササイズを行って、自分の中から新しくポジティブな行動を呼び起こしてみよう。

まず目を閉じて座り、深く息を吸って、以下の指示のうちのひとつを自分に与える。

・今日、もっと効果的にできたはずの場面を見せてほしい。
・今日、もっと優しくなれたはずの場面を見せてほしい。
・今日、もっと強気になれたはずの場面を見せてほしい。
・今日、もっと我慢できた場面、もっと役に立てたはずの場面を見せてほしい。

それぞれの場面が頭の中に浮かんだら、偏見を持ったり批判的になったりせず、よく観察しよう。そして次に、ちゃんと意識できていたらもっとこうしていたかったという修正を施して、同じ場面を再生してみよう。

今週の自分変革宣言

❶私は目標にたどり着くために必須のステップに思考を集中させる。
❷私は自分の今の現実を直視する。
❸私は自分の意識を思考に集中させる。

28週目

未完了を完了させる

クローゼットが散らかっているのは、
頭の中が混乱していることを示している。
ルイーズ・ヘイ（自己啓発作家）

人は一度に限られた数の物事にしか意識を向けられない。未完了だったり散らかったりしたもの、たとえば終わっていない書類、完了していない契約、解決していない人間関係の問題といったことは、自分の目標を達成するために必要な事項に向けるべき意識を浪費してしまうのだ。

未完了のものが自分の足を引っ張り、悩ませ、気を散らしていては、素晴らしい未来を受け入れることなどできないのである。

20項目のto-doリストを完了させるのは、50項目のto-doリストが25項目までしか終わっていないのよりもよいことだ。完了させることが大切なのである。

始めたことを終わらせる手助けになるシンプルなルールがある。それは「完了のための4つのD」と呼ばれる。すなわち「Do It（やる）」「Delegate It（人に任せる）」「Delay It（遅らせる）」「Dump It（捨てる）」である。

目の前に仕事があったら、4つのDで判断してみよう。それがすぐできることならさっさとやる。他の誰かがやってくれるようなことなら、それをさっさと任せる。他にもっと重要なことがあるなら遅らせるのもいい。もしそれがやる意味のないことなら、さっさと捨ててしまおう。4つのDで判断する目的は、仕事をできる限り早く机の上から片付けることなのである。

家のことも同じだ。ボロになった服、古いおもちゃ、書類、詰めすぎた本棚、散らかったコーヒーテーブル、カウンター、ガレージ。きっと、いらないものや自分のものなのかもわからないような品で収納場所は埋まっているだろう。
散らかったものは豊かさを遠ざける。解決し、手放し、自分の今と素晴らしい未来のために場所をつくるのだ。

自分の過去を完了させ、人生における新たな活動や刺激のための場所をつくるのには、一体どれだけのことをやり、人に任せ、遅らせ、捨てなくてはならないだろうか？　以下のチェックリストを参考にしてリストをつくろう。一つひとつのことをどうやり遂げるのか計画を立てよう。精神的、物理的な空間を最も空けられるものから着手しよう。

□終わらせる必要のある仕事
□まだ払っていない借金や金銭的な約束
□もう着られない服が詰まったクローゼット
□使えないガラクタの詰まった引き出し

□散らかってぐちゃぐちゃの机
□アルバムに収める必要がある家族写真

それともうひとつ。日々の生活を送るうえでイラっとさせる家の中のちょっとしたものはないだろうか？　修理が必要な家具などがあったら、修繕計画を立てよう。業者に頼んで修繕や掃除の手助けをしてもらってもいい。そのお金がないのなら、友だちや近所の人に頼んで手を貸してもらおう。そして自分の将来などもっと大事なことのために場所をつくってあげるのだ！

今週の自分変革宣言

❶私は自分が散らかしたものや未完了のものを片付ける方法を見つける。
❷私は書類や散らかったものを終わらせたり、捨てたり、人に任せたりする。
❸私は自分のほしい新しいものを置く場所をつくる。

29週目

つらい過去と決別する

誰も昨日を変えることはできない。
だが明日を変えることなら誰でもできる。
コリン・パウエル（元アメリカ国務長官）

誰かがあなたの心を深く痛めつけたとしたら、身体的・精神的に危害を及ぼしたとしたら、そんな過去を忘れ、再び成功へ向けて人生を歩き始めるのはなかなか難しいだろう。

過去のそんなネガティブな感情を解放してくれる方法を紹介しよう。自分を傷つけた相手に自分の本当の気持ちをぶつけることで、その痛みを乗り越え、元の明るい自分を取り戻すのだ。相手に宛てて手紙を書き、そこに自分の気持ちを表現するのである。

ただ、相手に実際に送るとは限らない。その手紙を自分の手元に置いておいてもよいのだ。

手紙を書くときは、以下のフレーズを完成させて、自分が背負っているネガティブな感情について表現するとよいだろう。

怒りと恨み：～に怒っています。～を恨んでいます。
痛み：～すると悲しくなります。～すると心が苦しくなります。
恐怖：～が怖かった。～すると恐怖を感じます。
後悔：～については済まなかったと思っています。
要求：～がただほしいだけでした。～を受ける価値が自分にはあります。

愛、同情、許し：～についてあなたを許します。

陽気さを保っているときのポジティブなエネルギーと、それに対して帰ってくるエネルギーの流れの重要さはすでに話したとおりだ。しかし、過去の傷についてネガティブになっているときも、引き寄せの法則が働く。似たような人や物事を自分の人生に引き寄せてしまうのだ。

ある作家は言った。

「許すことをしなければ、その人や物がずっと自分の頭の中にタダで居座ることになる」

許すことをすれば、自分や家族、会社のために成功の未来をつくり出す行動を起こし、今を生きることができる。

許す方法を紹介しよう。

1　自分の怒りと恨みを認知する。

2　痛みとそれが生み出す苦しみを認知する。

3　恐怖とそれが生み出す自分に対する疑念を認知する。

4　そのような態度や事態を続くことを許してしまった自分にもし非があれば、それ

を認知する。

5　望んでいたが得られなかったものを認知する。そのとき相手にどんな理由があって、何を達成しようとしていたのかを理解するよう試みる。

6　忘れ、相手を許す。

長年にわたり、私は『こころのチキンスープ』のために、何千という数の元気が出る話を探し、見つけてきた。その過程で私は、どんなに冷酷で悲劇的なことをされていたとしても、人は相手を許せることを学んだのだ。

今週の自分変革宣言

❶私は過去を解放して肩の荷を下ろす。
❷私は過去の痛みを許し、それを捨てる。
❸私は自分の望む未来をつくる。

30週目

うまくいかない
事実と向き合う

人生が向上するのは賭けに出たときだけである。
最初に取らなければならない最も大きなリスクは、
自分に対して正直になることである。

ウォルター・アンダーソン（アメリカの作家）

物事がうまくいっていないときは、その現状と向き合うのは難しいものだ。しかし、うまくいっていないことと向き合うことで、目指していたものよりもよい結果が舞い降りることもある。まず、現状を認識しよう。

真に成功した人生を送りたいのなら、事実と向き合い自分に正直にならなくてはならないのだ。

うまくいっていないことを認めるには、通常、それに対して何か対処をしていることが必須である。多くの場合、その「何か」はとても心地の悪いものだ。

もっと自己修練に励む、誰かに立ち向かう、仕事を辞める、10代の子どもを謹慎処分にする……そういった状況と向き合いたくないばかりに、人は時として、うまくいっていないことを認めずに、その場をやり過ごす選択をしてしまう。

そういった目を逸らすための行為はどのような形で現れるのだろうか？　人がその後ろに身を隠す虚像や、もっともらしく聞こえる陳腐な言い訳を通じてである。たとえば、次のようなフレーズだ。

「あの子ももう18歳だ。ずっと子どものままじゃないんだぞ」
「別に文句なんか言ってない。ただ思ったことを言ってるだけだ」

「ジョンソンに聞いてくれる？　私の管轄じゃないから」

「男なんていくつになっても子どもよ」

「私より優秀な人がそれを防ぐはずだっただろ」

「彼女はただ飲んで忘れようとしているだけだよ」

「近所の人がお母さんの様子を見ててくれるから」

「わかってる、けど彼は今仕事で凄くストレスが溜まっているの」


もしそういった現実逃避を乗り越え、事実を直視できれば、その問題も大した痛みを伴わずに解決できるし、誠実さも向上し、より自信が持てるようになる。

ただ最初に、現実から逃げたい欲求を乗り越えなくてはならないのだ。


現実から逃げる行為を断つには、悪い状況を認識し、即座に対応することを学ばなくてはならない。認識と決断が苦手な人の多さにはいつも驚かされる。

たとえば離婚の感情的ストレスに向き合いたくないから自分の結婚が失敗であったことを認めたくない人は多い。子どもがいる場合は特にそうだ。しかし、一度現実と向き合ったら、究極の解決策は心理カウンセラーに相談することかもしれないし、夫婦で新しい目標や境界線を設定する約束を結ぶことかもしれない。おびえて生きるよりも答えを知るほうがよいはずだ。

居心地の悪い状況とより多く向き合えば、よりうまく向き合うことができるようになる。早く対応すればするだけ、状況を修正するのが楽になる。自分の人生の中でうまくいっていないことのリストをつくってみよう。

特に、目標を設定する7つの主なエリアに焦点を絞ってみるとよいだろう。「財産」「キャリアやビジネス」「楽しみと娯楽」「健康」「人間関係」「自分自身の成長」「社会への貢献」の7つだ。

一度にひとつのことを選び、改善するために何をやるべきか決め、計画を立てて実行する。リストの全部が解決するまで続けよう。これをやっていれば、きっと素晴らしい解放感が得られるはずだ。

今週の自分変革宣言

❶ 私は何かがうまくいかなかったら、修正するための行動を起こす。
❷ 私は勇気を持って恐怖心と向き合い、対処する。
❸ 私はうまくいっていない原因を探し出し、迅速に解決手段を取る。

31週目

自分の内側の批判を励ましに変える

人は何を考えているかによって決まる。

ジェームス・アレン（『原因と結果の法則』の著者）

ある研究によると、人は一日に5万回ほど自分に話しかけるという。たくさんのおしゃべりが頭の中で行われているのだ。だがその研究は、そういった頭の中の声の8割がネガティブなものであることも示している。

「いつも遅刻してしまう」「うわ、また髪がボサボサだ」「今のは言わないほうがよかったな」「体重減らすのなんて無理」……自分の心に住む批評家を黙らせ、心の中のネガティブな会話をポジティブな対話に変えることで、より健全で、成功に専念する思考ができるようになる。

考えが態度をコントロールするのだから、ネガティブな考えは人を不安にさせたり、怖がらせたり、焦らせたり、物をこぼさせたり、セリフを忘れさせたりする。

同じように人の体はポジティブな考えによる刺激にも反応する。リラックスしたり、心が落ち着いたり、元気になったりするのである。だからポジティブな対話でポジティブな反応を促進しよう。それが習慣になるまで、練習できる機会は一日に何千回もあるのだ！

自分の考えや内面の対話を監督しているのは自分である。だから何を信じるかを決めるのも自分なのだ。

・「必ず」「絶対に」というような極端な考え方は自滅につながりやすい。こういう言葉は使わないようにしよう。

・ネガティブなものに焦点を当てないで、ポジティブなことに集中してみよう。そうすることで客観的で前向きな人間になることができ、周囲に人も集まってくる。

・破滅的予測を避けよう。起こり得る最悪の事態を思い浮かべていないだろうか？

・他人の思考を読もうとしない。超能力者でもない限り、他人の考えは読めない。人が考えていることはその人が教えてくれるまでわからないのだ。

・罪悪感に溺れない。「やるべき」「やらなくてはならない」といった言葉は罪悪感につながる。これは生産的ではない。罪悪感は成功の前に立ちはだかる感情的な壁なのである。

・レッテルを貼らない。「嫌なやつ」「バカ」「傲慢」といった侮蔑の言葉で自分や他人にレッテルを貼ると、その人の個性が見えなくなる。

内なる批判者を、自分を応援し励まし自信を与えてくれるコーチに変えられるとしたらどうだろう？　ちょっと意識し、注意を向け、集中するだけであなたにもそれができる。

そもそも内なる批判者はあなたのためを思って行動しているのである。内なる批判者はあなたがよりよく振る舞うことで利益を得てほしいのだ。

たとえばあなたが10キロほど減量したいと思っているが、ここ何か月もジムに足を踏み入れていないとする。自分の体をしっかり管理していないあなたに対し、内なる批判者は怒っているかもしれない。もしかしたら自己鍛錬を欠くあなたを怠け者と呼ぶかもしれない。しかしその根底にある本当の気持ちは「君のことが好きでずっと一緒にいたいから、君には健康でいてほしいんだ。君には容姿を整えて、たくさんのエネルギーを持って、幸せになってほしいんだ」ということなのである。

内なる批判者からの非難の声を、内なるコーチの励ましの助言に変換するには、意識と粘り強さが必要である。しかし一度そのプロセスを始め、変換する経験を積めば、対話は批判ではなくなり、改善するチャンスについての議論になる。ちょうど人生のメンターが頭の中にいるようなものなのだ。

今週の自分変革宣言

❶私は成功し幸せになるのに役立つことだけを考える。
❷私は自分や他人のよいところを探し、感謝し前向きになる。
❸私は自分との対話や思考を激励と自信で埋める訓練をする。

PART 6

重要なことに集中しよう

32週目

成功につながる習慣を身につける

ビジネスの世界で頂点に上り詰めたい者は、
習慣の持つ力と効果をしっかりと理解しなくてはならない。
自分を壊すような習慣をいち早く断ち、
望んでいる成功の達成を手助けする行為を習慣にすることだ。
J・ポール・ゲティ（ゲティ・オイル創設者、慈善家）

悪い習慣を持つことの問題のひとつは、それによって生み出される結果が時間が経ってからでないと明らかにならないという点である。

もし慢性的な悪習慣を持っていたら、それを望むか望まないかにかかわらず、いつかは結果となって運び込まれてくる。ネガティブな習慣はネガティブな影響を生む。ポジティブな習慣はポジティブな影響を生むのだ。

成功する人は何もせずにただ頂上まですいすいと登るわけではない。彼らは集中力とエネルギーをうまく使いこなしてそこまでたどり着くのだ。習慣は結果を左右する。だから成功を目指す人は自分の習慣や振る舞いに対して特に注意していなくてはならない。

四半期ごとに新しい習慣を身につけ、習慣に導かれる道を成功に向けて歩こう。研究によると、新しい習慣を13週続けられれば、それは一生続くそうだ。今日がそれを始める日だ。

心理学者によると、人の行動の9割は習慣によるものだそうである。考えてもみてほしい。起床して、朝食を食べることから、通勤したり、買い物したり、料理して食べたり、ちょっとした寝る前の儀式まで、すべて習慣なのだ。

あなたは習慣によって動かされているのである。習慣こそが一度に複数のことを行うことを可能とし、生活の手順を管理しているのだ。しかし自分自身も気がついていない、何の得にもならない習慣もある。もしそれが成功の妨げになっているのなら、棚卸しをして自分の後押しをしてくれる習慣と取り替えるといいだろう。

誰もがよい習慣と悪い習慣を持っている。その一つひとつが、今日の自分がどんな人間でどんな場所にいるのかを決めているのだ。だからこそ、もっとしっかり自分の習慣を意識する必要がある。成功への妨げとなっている悪い習慣は特に見極めなければならない。

背中を押してくれる新たなよい習慣を身につけるためのステップがある。最初のステップは、自分にとって何の得にもならない、そして自分の現在の状況や未来に対して悪影響を及ぼしている悪い習慣をすべてリストに書き出すことだ。そういった習慣については客観的でなくてはならない。たとえば、こんな習慣はないだろうか？

□気まずい会話から逃げる、もしくは先延ばしにする。
□会議や夕食の最中に電話を取る。

□休暇中に仕事をする。
□予算を超える出費。
□朝一番でメールを読む。
□電話会議に遅刻する。
□ジャンクフードを週1回以上食べる。

リストをつくり、ネガティブな習慣を特定したら、次のステップはもっと生産的な成功習慣を選び、それをサポートする仕組みをつくることである。

この戦略を四半期ごとに実行し、一年で4つの成功習慣を実践できれば、富や健康、幸せ、そしてチャンスをもたらす新しい習慣を5年で20個も身につけられるのである。

今週の自分変革宣言

❶私は自分の成功に大きく貢献するようなエネルギーを高く保つ習慣を身につける。
❷私は自分の成長を妨げ、成功を抑制するような習慣を意識的に排除する。
❸私は自分の利益につながる習慣を一度にひとつずつ計画的に身につける。

33週目

100パーセントの力を出す

大事な目標に何が何でも到達するという心意気があれば、
目標達成への道と力を見つけることができる。
ロバート・コンクリン（自己啓発作家）

毎日、人は目を覚ますと決めたことや行動プランを守るかどうかの葛藤と闘う。勝利は常に「何が何でも」という意気込みを持ち、100パーセントの力を出す決意を固めている者にもたらされる。

最初はどこかぎこちない感じがすることは認める。後押しが必要かもしれない。しかし一度動き始めれば楽にできるようになる。何をやると決めたかによっては、毎日（たとえばジムに行くなど）ではなく、週5回や二日に1回（たとえば昼食にサラダを食べるなど）になるかもしれない。

to-doリストに取り組むこともそのひとつと言えるだろう。瞑想や祈りもそれに当たる。宣言を唱えることを毎日やるのは織り込み済みだ。

今日、一度決めたことには100パーセントの力を出すことを決意しよう。

人は自分の進む道の上に障害物を投げ込んで、つまずいたり、成長が遅れたり、物事を困難もしくは不可能にしたりしていることがある。喫煙者と一緒に車で通勤する、10分以上電話から離れられない、高速道路を走る前にエンジンやタイヤの整備をしない。どれも大惨事のもとである。

自分の目の前に他人が障害物を投げ込むのを許してしまうこともある。家族と団欒している最中に近所の人がプリンターの設定を手伝ってほしいと頼んできたり、仕事に出かけようとしていたところに10代の子どもが口論を仕掛けてきたり、ダイエットを始めたばかりなのに友だちがラザニアを食べに来ないかと誘ってきたりといったことだ。この場合、断ることを覚えなくてはならない（「また今度」など）。そうしないと自分の決意が弱まり、失敗してしまうからだ。

他の誰も自分のために自分の目標や夢を達成することはできない。自分だけが自分の運命を決められるのである。

成功する人は例外を認めない。一度やると決めたら、もう交渉の余地はないのだ。毎日エクササイズをすることを100パーセント決心したら、朝の早い時間に予定があっても、雨が降っていても、やる気が出なくても、何があってもそれをやるのだ。

毎日30分瞑想する、to-doリストをしっかりこなす、新規の営業の電話を10本かける、ピアノを週5回練習する、そう決めているとしたら、100パーセントの決意だけがそれを成し遂げられるのである。

最後にひとつ。合意は必ず尊重し、一度言ったことは必ずやることだ。自信、信頼、意欲はそれをしっかりやっていることへの褒美なのだ。そのどれもが自分の評判に素晴らしい影響を与える。それだってご褒美だ。

今週の自分変革宣言

❶私は100パーセントの力を出して日々やるべきことをやる。

❷私は決めたことを守りすべての目標を達成する。

❸私はやることすべてにおいて最高の結果を出すよう努めている。

34週目

学ぶことを終えたら、私は終わりだ。

ジョン・ウッデン（バスケットボールの名コーチ）

多くの人は継続して学ぶことを嫌がる。中年になってから大学へ戻ったり入学したりすることだと考えるからだ。それも悪くはないアイデアではあるが、それだけが「生涯学習」ではない。

情報は力だ。情報をたくさん持っている者はそうでない者に比べたいへん有利である。情報を手に入れ、周りより一歩先を行くにはどんな手段があるだろうか？

テレビの時間を学習の時間にすることもできる。人は1日に平均して6時間テレビを観るという。私のメンターは私に対し、テレビを観る時間を毎日1時間だけ減らし、自分にとって大事なことを達成するための時間を1年で365時間つくるよう言ったことがあった。つまり、自分の目標に専念するための時間が1年に2週間以上増えるのである。私はあなたに同じことを言おう。

そして、最も成功した人たちが実践する学習方法を今日から実践しよう。

1　読書する。私の知る中で最も賢く、成功しているジョン・デマーティニ博士はあるときこのように述べた。

「接着剤の缶に手を突っ込んで手に接着剤をつけない方法はない」

毎日もう1時間だけ本を読んで、その内容を頭に蓄積すれば、そう遠くない将来、自分の分野で上位1パーセントに入れるだろう。

2　偉人の人生を学ぶ。伝記から学べることは多い。それがどんなスキルを持った人で、どんな偉業を達成しているかにかかわらず。みな素晴らしい人生を送ったのだ。

知識を増やし、生涯学習プログラムをつくる方法はいくらでもある。そのいくつかを見てみよう。

1　外へ出て人と交流する。成功に関する集まりや会議、研修に参加しよう。全国集会から地元の講演までたくさんのイベントがあるので、毎日参加することも可能なはずだ。

2　才能を開花させる訓練に参加する。能力、考え方、人脈、成功への意欲向上に力を入れている自己啓発セミナーに参加してみよう。古い習慣を打ち砕き、新しい考え方や振る舞いを創り上げるためには、誰だって外部の手助けが必要なのだ。

3　教わる姿勢を持つ。人生において学び、成長するには、教わる姿勢を持たなくてはならない。すべての状況は学ぶチャンスを出現させ、すべての人は何か教えることを持っている。時として、人は他人から学び、他人の素質を認める謙虚さを欠いている。しかしそのような態度でいると、傲慢で何も教えられないような人間になってしまう。すべてを知る人などいない。自分がどこにいて、相手が誰であろうとも、学ぶことに対して心を開こう。

今週の自分変革宣言

❶私は生涯学習と自己成長に喜んで取り組む。
❷私は継続して知識を増やし、成功する可能性を大幅に上げる。
❸私は常に学び成長するために、教わる姿勢を持つことを選ぶ。

35週目

情熱を燃やし続ける

情熱は成功するうえで最も強い動力のひとつである。
何かするときは全力でそれをやれ。全身全霊を込めろ。
自分の個性を焼き入れろ。活動的になれ、活発になれ、
熱狂的になれ、誠意を持て。そうすれば目標は達成できるはずだ。
情熱なくして成し遂げられた偉業はない。

ラルフ・ワルド・エマーソン（アメリカの思想家）

好きなことをやって幸せならその時点で勝ちだ。情熱と不屈の精神を持って何かをすればその時点で成功だ。

真の情熱は自分の内からくる。それはどこかスピリチュアルな面があり、功績を上げるための意欲を掻き立ててくれる。

仕事に対して情熱を持っている人に会ったことがあるだろう。目的意識を持ち、自分の仕事に身を捧げている。仕事のことを考え、心が指し示す方角へ行き、自分の幸せに関する信念を持つことが、人生における情熱を育むのだ。それは仕事を楽しむだけのものではない。それ以外で自分が楽しめること、それをやるために生まれてきたようなことを発見するためのものでもあるのだ。

ここでは情熱について検討し、それをどうやって創り出せるか、活かせるかを探っていこう。

自分の人生にとって最も大事なことに情熱を持つことは、夢や目標をより叶えやすくするだけでなく、そこまでの道をより楽しく、より充実していて、よりリラックスしたものにする。

自分の人生における主なエリアに目を向けてみよう。仕事、結婚生活、友情、余暇の時間、仕事や宗教、市民活動……どれに情熱を欠いているだろうか？　情熱を持つためには何をすればいいと思うだろうか？　何を変えて、やめて、始めれば人生を変えられるだろうか？

自分の仕事に情熱を持てる人は、自分の好きなことをやっているのだ！　それで生活していく方法を彼らは見つけたのである。好きなことをやっているのに充実感がないのなら、勇気を出して何が障害になっているのかを考え、対処しよう。

あなたが最も幸せなのはどんなときだろうか。そのとき自分は何をしていて、何を感じ、何を考え、誰と一緒にいるだろうか。

そういったことが、自分が何に惹かれていて、何が自分と周りの人たちの人生にさらなる豊かさと喜びを運んでくれるかを示してくれる指標である。それらの要素を自分の人生の他のエリアでも実現する方法はあるだろうか。

時間をかけてそのような問題や感情を精査できれば、きっと自分が行きたいところへの道が見えるようになるはずである。

ではどうやって喜びと情熱を日々の生活の中で維持し続けられるのだろうか？　この本の最初のほうで答えをいくつか出している。自分の存在の意味を見つけ、何がほしいのかを決め、どんなことでも可能だと信じ、自分自身を信じる、などなどだ。

自分が何かをやり始めた当初の目的と再び向き合うことも効果がある。ただのルーティーンになってしまうよりも前に、それをやり始めた理由があったはずだ。何か深い目的が「やらなければならない」を「やりたい」に変えたはずだ。それは何だったのだろうか？

ほとんどの場合、情熱の欠如は態度から生まれるものだ。あなたは自分の態度を完全にコントロールできる立場にある。目の前の状況に対して不機嫌になることもできるが、ポジティブになることを選び、その恩恵を探すこともできる。

今週の自分変革宣言

❶ 私は心の声を聞き、好きなことをやっている。
❷ 私は朝起きるのが待ち遠しいくらい仕事が楽しい。
❸ 私はそのために生まれてきたことをやっているので幸せで充実感がある。

36週目

自分の得意なことにエネルギーを集中する

好きなことをやっていれば成功は自ずとついてくる。
他に成功する道はない。
マルコム・S・フォーブス（フォーブス誌創設者）

自分が内に秘める才能が何か知っているだろうか？　それは自分が最も好きなことで、人からお金を貰う気にもならないほど自分が得意なものでもある。それは楽しいことである。それで生計を立てる方法が見つかれば一生の仕事になることである。

成功する人は自分が内に秘める才能の価値を認識し、ずっとそれをやり続けるためにあらゆる手段を尽くす。そこに金銭的報酬と喜びがあるからだ。

多くの人（おそらくほとんどと言ってもいいだろう）は人生の中であらゆることをやる。金銭的報酬を生まない（それどころかあらゆる報酬を生まない）楽しくもない作業にも時間を使ってしまう。

自分が得意でもないことに時間が費やされるのである。それが得意な人であればより上手に、より早く、より経済的にできるようなことに、である。特に大事でもなければ充実感もないようなことに時間を費やし、自分の内に秘められた才能を隅に追いやっているのだ。

自分の好きで得意なことに集中すれば、さらに生産的になれるだけでなく、自分の人生をもっと楽しくすることができるのである。

ほとんどの人が内に秘めた才能に１００パーセント集中するよう人生を調整できていない。その根本的な原因に目を向けてみよう。なぜ人はタスクを人に任せないのだろうか？

なんでも自分の思うとおりにしたいのかもしれない。しかし、タスクを任せる相手は自分とまったく同じようにはできないかもしれないが、物事を達成する方法はひとつだけではないのだ。違いは間違いではないし、もっとよいやり方なのかもしれない。お金を払ってまで人に手助けをしてもらう気になれないのかもしれない。しかし、たとえば収入を増やすといったことに時間を注ぐということは、その時間をつくり出してくれるような他人に少額のお金を使うことも必要であることを意味する。

たとえばあなたが最初の本を書き終えたばかりで、物書きとしてのキャリアに他の活動を付け加えたいとする。講演会、新聞のコラム、コーチング、企業の研修プログラムの製作などだ。

そのためにはイベントプランナーに飛び込みの電話をかけたり、コーチングの顧客を探したり、企業のためにトレーニングの教材を書いたり、撮影したりしなければならない。

しかし、あなたはその前に小さな会社の経営者であり、自分を必要としている配偶者と2人の子どもがいるのだとしてみよう。そんなにたくさんのことができるだろうか？　ひとつでもこなせれば、それは奇跡だろう。

だが、集中力と時間を自分が最も得意で最も好きなことに注ぐことができれば、どうだろうか？　より大きく考えてみよう。自分の新しいキャリアに集中するためなら、お手伝いさんを雇ったり、自分の事業で追加の人員を雇ったりする価値はあるのではないだろうか？

自分の人生、仕事と家庭の両方を見て、以下の3つのことを考えてみよう。

1　最も好きなこと
2　最も面白くないこと
3　どうすれば自分にとって大した意味のない非生産的なタスクを自分の責任から外し、他人に任せられるか

目標は「最も好きなことをもっとやること」であるのを忘れないようにしよう。

今週の自分変革宣言

❶私は内に秘めた才能に集中する邪魔になるものを人に任せる。
❷私は小さなタスクを他人に任せることで、より生産的になる。
❸私は自分の生産性が低いタスクを明け渡し、自分の得意なことに取り組む。

37週目

時間の使い方を見直す

人にとって最も困難なことのひとつは、
時間管理の根本的な概念や理念にかかわることである。

ダン・サリバン（コンサルタント）

アメリカ旅行業協会の論文によると、54パーセントの被雇用者は休暇を消化しきらないまま2016年を終えているという。これはとてもよくない。休暇を取らなければ、力尽きたり、病気になったり、人間関係が悪化する可能性が高くなるからである。

誰にだって時には完全に自由な日が必要だ。仕事に関係する会合、書類、電話やメールのない一日ということだ。そういった一日を過ごした後は、気持ちを切り替え、よりクリエイティブになり、より熱意を持って仕事に戻れるからである。

そしてこうしたことは自分にとっても、家族にとっても、同僚にとっても、顧客にとっても、自分がかかわるあらゆる人間にとっても有益なのである。


自分の時間と素質を最大限に使いたいのなら、それらを今自分がどう使っているのかを考えるべきだ。

私がお勧めしたいことはバッファデイ（予備日）を設けることだ。週間労働日数が5日ある中で、フォーカスデイ（集中日）すなわち自分の内に秘められた才能に集中し主要な分野で結果を出す日の準備のために費やす日のことだ。

バッファデイには、移動、研修、計画、会議出席など、こなしておくことで自由な時間をつくり出し、フォーカスデイを最大限生産的にさせるようなタスクを行う。

ちなみに私にとってのバッファデイは、新しいスピーチの概要をつくったり、自分の指導スキルを向上させるためのセミナーを受講したり、次回の講演会で自分の本やオーディオプログラムを最大限売るための計画を立てたり、調べ物をしたりといった、私がフォーカスデイに自分の中の才能を開花させるための活動をこなす日である。

どんなことがあなたのバッファデイに当てはまるだろうか？　自分が意図したとおりにフォーカスデイとフリーデイ（自由日）を使えるように、それぞれの時間を増やせることをバッファデイにやるのがカギである。

ではフォーカスデイについて話そう。利用可能な時間の最低でも80パーセントを使って自分が内に秘めた才能に集中する日だ。その日がくるのを待ち遠しく思える、そんな日に違いない。フォーカスデイは自分が最も得意とする、それをやるのが好きでそれをやるために生まれてきたようなスキルを磨ける日だ。

より多くのフォーカスデイとフリーデイを取る秘訣は、予定を立てることである。まずは確認のために短いながらもとても役に立つエクササイズをやってみよう。

1　覚えている中で最高のフォーカスデイを3つ書く。
2　それらの共通点を書く。
3　より完璧なフォーカスデイを計画する。

フリーデイに対しても同じことをしてみよう。

大事なのは、自分が時間を組み立てるという意志を持つことだ。今日から始めてみよう。自分の時間と人生を管理し、成果と収入を最大限増やすのだ。

分単位で時間を有効利用しよう。自分だけが自分の成功に必要な情報を持っている。それは目標、夢、生まれ持った才能、自分への自信、そしてその気になればどんなことでも成し遂げられるのだという信念などだ。

今週の自分変革宣言

❶私は仕事の時間、家族との時間、自分だけの時間のバランスを取る。

❷私はバッファデイ（予備日）を使って日々の予定を立て、準備し、新たなスキルを学び、必要でないタスクを他人に任せる。

❸私はフォーカスデイ（集中日）に自分の利益を追求するための時間を最大限活用する。

38週目

必要のないことは断る

他人が持つあなたへの期待に脅える必要はない。

スー・パットン・ソエル（自己啓発作家）

私たちは刺激にあふれる世界に住んでいる。24時間いかなるときも携帯電話、メール、ソーシャルメディアで連絡が取れる。顧客のオフィスにいても、車の中にいても、ゴルフ場にいても、トイレにいても（電源を切り忘れたなら映画館にいても）。

気が散ることや時間を侵食することに囲まれた世界で、なぜこれほどまでに「ノー」と言うことが難しいのだろうか？　あまり重要でないことを日々の予定に入れ、一日を狂わせることを許し、そして後悔するのだ。

なぜ単純にノーと言えないのだろうか？

曖昧な解釈の余地を残さずにノーと言えることは、自分の現在や未来をコントロールする力を持つ成功者の特徴でもある。それは簡単なことではない。

皆が自分に何かを求めていると感じたことはないだろうか？　上司が終業時間ギリギリになってプレゼン資料作成の助けを求めてきたり、子どもが友だちの家へ行くために車を運転してくれるよう要求してきたり、両親が家のことに関する助けを求めてきたり、妹が夫に関する相談をしたいと言ってきたり、同僚が自分の仕事とはそもそも関係のないプロジェクトへの応援を求めてきたり……。

成功するためには自分を喰らい尽くすような要求や依頼に対してノーと言えるようにならなければいけない。しかも罪の意識を感じずにそれを言えるようにならねばならない。
下手な言い訳をせず、罪の意識を感じずにノーと言うためのアドバイスをまとめてみた。

1 「あなたに文句があるわけではなく、自分のために断っているのです」と言う。

他人の都合に合わせるあまり「自分の時間」がなくなってしまうことがよくある。「あなたに文句があるのではなく、自分のために断っている」と言うことで、信念を持っている自分に対し、相手に敬意を払わせるとよい。

2 中程度のよい話にはノーと言い、最高の話にはイエスと言う。

中程度によい状況やチャンスにかまけたせいで時間を使いきり、最高の話を手放すようなことは簡単に起こり得る。

3 マイナーなことに時間を使わない。

マイナーなタスクに時間を無駄使いする代わりに、自分の人生の長期的な向上だけに集中できたらどれだけ早く目標にたどり着けるか想像してみてほしい。

ノーと言う方針をつくり、上司、同僚、家族、友人とのコミュニケーションに自信を持とう。そうすれば、他人の夢、目標、都合のために自分の時間をすべて費やすようなことはなくなるはずだ。

今週の自分変革宣言

❶私は自分の時間を盗むようなことは意識的に自分の人生から排除する。
❷私は丁重な断り方を学び、自分ではやらないことの方針を固める。
❸私は自分の時間やエネルギーを奪うことに対して罪の意識を感じずにノーと言える。

PART 7

ポジティブな人間関係を築こう

39週目

ついていく価値のあるリーダーになる

リーダーシップに対する最も危険な誤解は、
リーダーは生まれながらにしてリーダーだというものだ。
まるで遺伝子にリーダー的要素があるかのように。
これはまったくのナンセンスだ。むしろその逆が真実である。
リーダーは生まれるのではなくつくられるのだ。

ウォレン・ベニス（アメリカの経営学者でリーダーシップの専門家）

成功には他者の助けが必要だ。だからこそ、成功者のほとんどは周りの人にやる気を出させるような素晴らしいリーダーなのだ。彼らは共通した特徴を持っている。

・自分の目標や未来に対して明確でわかりやすいビジョンを持っている。
・そのビジョンを魅力的で説得力のある形で他者に伝えられる。
・人々にやる気を出させ、自分のチームに加わらせ、100パーセントの力を出させる達人である。
・素晴らしいコーチである。他人の素質をすぐに見つけることができ、もう一踏ん張りするよう励ますことができる。
・他人のポジティブな貢献を認めることができる。
・自分についてくる人たちに責任を負わせ、そして何より、自分自身に責任を負わせられる。
・リーダーに成長できるよう部下を奮い立たせられる。

成功するリーダーになる方法を知っておくことは、どんな人生を送っていても必ず役に立つ。ネルソン・マンデラやマザーテレサ級のリーダーになれる人は少ないかもしれない。しかし、誰もが自分の周りにポジティブな影響を与えられるようなリーダーシップを身につけることができるはずである。どうしたらいいか、ヒントを紹介しよう。

1 自分の長所と短所を知る。素晴らしいリーダーは他人と、そして自分自身をよく理解している。自分のスキルや能力を現実的にとらえており、重いプレッシャーがかかったり、突然何かが変わったりしたときも落ち着きを失わず、周りに安心感を与えられる。なんでも知っているわけではないことを認め、間違いを恐れず、どんなときでもフィードバックに耳を傾けられる。

2 他人と同じように自分にも責任を負わせられる。自分の行動と結果に対しては100パーセントの責任を持つ。頼りになり、時間を守り、約束を守る。そうやって信頼を築き上げる。他人の行動や結果の責任をその人に負わせる勇気も持たなくてはならない。

3 明確さと説得力のあるビジョンで他人を奮い立たせられる。自分についてくれている人たちにも成功の未来が見えなくてはならない。彼らもまた、より賢く、より強く、より自信を持ち、より力量を持てるようになりたいのである。

以下は、あなたが努力して身につけるべき3つの資質である。

1 人の話に耳を傾ける。人はあなたがちゃんと話を聞いていると感じたい。自分たちの見識や意見に価値があると信じたいのだ。素晴らしいリーダーは人の話を聞く。自分のチームのアイデアや構想を聞くだけでなく、ネガティブな発言を聞きながらも、意識の焦点を何が可能であるかに移すことができる。

2 リーダーの役割について指導する。すべてを自分でやることはできない。しかし問題解決能力が持てるよう他人に指導することはできる。他人をリーダーに成長させられれば、自分のビジョンを達成するために使える時間や集中力が増す。

3 感謝の気持ちを忘れない。信頼、情熱、責任を築き上げる最も簡単な方法は、他人を認め、感謝することである。感謝の気持ちと理解を示すことは自分をより軽い気持ちにし、ストレスを減らすことにつながる。

今週の自分変革宣言

❶ 私は自分のビジョンを明確に、そして情熱とともに人に伝える。
❷ 私はよいリーダーになるための理念を貫く。
❸ 私は他人に成功への道を指導する。

40週目

メンターやコーチとのネットワークをつくる

偉人について学んでみれば、それが誰であろうと、
師匠がいたことがわかるはずだ。
したがって、もしあなたが最高の成功を収めたいと思っているのなら、
あなたも師匠を持たなくてはならない。

ロバート・アレン（自己啓発作家）

ほとんどの人は直面している問題について友人、配偶者、同僚に助言を乞う。だが、その人たちはおそらくアドバイスを求めるのに最高の人ではないだろう。

成功は手がかりを残すことは以前にも話している。自分が進んでいる道をすでに歩いた人たちを探すことは賢明だ。自分が指南してほしい人のリストをつくり、頼んでみよう。

キャリアの頂点に達した人は世の中への「恩返し」をするために、自分が学んだことを快く教えてくれるものだ。自分に指南してくれる人を3人見つけ、見つかったら連絡を取り、四半期に一回1時間、もしくは何週間かに一回15分、電話でもいいから話すことを希望してみよう。

どんな個人や組織にとっても、ネットワーキングは成功を早め維持するうえで最強の戦略だ。ビジネスとキャリアは人間関係によって成り立つ。ネットワーキングはそんな人間関係を耕すための土台なのだ。さらに他のことにも役立つ。

1 紹介者を生み出し、仕事が増える。すでにさまざまな条件を満たしている上質な紹介者を得られる。

2 チャンスの幅を広げる。業界内の他の人とのネットワーキング、共同ベンチャー、

提携、潜在顧客の情報などといったチャンスにつながる。

3 コネができる。「何を知っているかではない。誰を知っているかだ」という古い格言は本当だ。その誰かをどれだけ知っているかも重要なのである。

4 役に立つアドバイスを入手できる。ネットワーキングは、ビジネスや私生活へのアドバイスや意見を得られる機会を生む。

コーチにつかないで、アスリートがオリンピックに行けるだろうか？　コーチはスポーツだけのものではない。ビジネスや私生活におけるコーチは、多くの成功者や世界屈指の大企業が持つ「秘密兵器」なのである。

よいコーチは自分のビジョンを明確にする手助けをし、自分の中にある才能をしっかり考え、悪い習慣や悪い行動パターンを指摘し、障害を乗り越えるために手を貸し、最高の働きができるよう背中を押し、より少ない労力でより大きな利益を得る方法を示してくれるのだ。

私はコーチのもとで素晴らしい成功を体験し、また、他人にコーチすることにおいても多大な成功を収めている。より多くの人がより簡単に成功の原理を実践する補助をするために私がつくったCanfield Coaching programにおいて、サクセスストーリーをオンラインで公開しているので、よければ目を通してみてほしい。

今週の自分変革宣言

❶ 私は自分を成功へと案内してくれるメンターのもとで学ぶ。
❷ 私はネットワーキングをし、強固な関係を築き上げる。
❸ 私はコーチのもとで、自分の人生におけるすべての領域で前に進む。

41週目

助け合える仲間をつくる

2人以上の人間が目的や目標に向かって進むとき、
連携を組むことで、無限の知識が保管される倉庫から力を受け取る場所に
自分たちを置くことができる。

ナポレオン・ヒル（成功哲学の提唱者）

マスターマインディングとは恐るべき道具であり、成功者により歴史を通して使われてきたとても強力な戦略である。

成功した人たちが最も役立ったものは何かと尋ねられれば、おそらくマスターマインドグループへの参加が真っ先に答えとして出てくるだろう。

マスターマインディングには、エネルギー、リソース、知識、見解を他の人のチャンスをつくり出すことにつぎ込めば、より少ない時間でより多くのことを達成できるという哲学がその根底にある。

『思考は現実化する』という古典的名著を書いたナポレオン・ヒルは、人が協力し合って神あるいは力の源、無限の知性、宇宙の力である「マスターマインド」と同調していれば、大量のポジティブなエネルギー、自分たちの成功に集中して注げる力を使えるようになると書いている。

最も有名なマスターマインドグループのひとつに、フロリダの別荘で会合を開いていたヘンリー・フォード、トーマス・エジソン、ハーヴィー・ファイアストーンによる集まりがある。この3人がいる部屋の強大な力を想像できるだろうか？

理想的なマスターマインドグループの大きさは5、6人であり、1週間か2週間に一度、最低でも月に一度は会合を開く。実際に会って、ともに過ごすエネルギーを体験することが望ましいが、スカイプやFaceTimeといったビデオチャットアプリを使っても効果的に議論できる。

アイデア、考え、解決策、連絡先、その他のリソースの交換から最大限の効果を得るために、グループは異なるバックグラウンドや業界から来た人たちで構成されるべきである。そんなグループを主催したり参加したりすれば、部屋の中に漂う独特で幅広い見方や知識から恩恵を受けることができるのだ。

そのどれもが自分の世界に対する見識を広め、自分の目標さえも高め、新しいチャンスをより早く効果的につくることができるのである。

マスターマインドグループは、人生において自分がたどり着きたい場所にすでに到達している人たちとともに構成するのが理想的だ。それが難しいなら、少なくとも自分より経済的に豊かな人たちであるべきだろう。しかし、参加を頼む際は自分を卑下してはいけない。自信を持って依頼することだ。そうしてこそ、他人が一緒に過ごしたいと思ってくれるのである。

今すぐそんなグループをつくることができないのなら、代替案のひとつはアカウンタビリティパートナーを見つけることだろう。熱意を持って自分の目標達成をサポートしてくれる相手のことである。

目標を設定し、それを達成するためにふたりがそれぞれ取り組む計画を共有する。そして、定期的に会うか電話で話し、お互いに対して、成果を上げ、期日を守り、目標を達成するなどの責任を負わせるのだ。

アカウンタビリティパートナーを持つと、誰かに報告しなければならないので、やる気が促進される。明日、自分の仕事の状況について誰かに報告しなければならないとしたら、きっと今日はもっと頑張ってもっと賢く働こうとするだろう。

アカウンタビリティパートナーを持つとよい理由がもうひとつある。自分の新しいセールストークを聞いてもらう、新しいアイデアについてフィードバックをしてもらう、情報、連絡先、人脈、リソースを共有してくれる、いわば共鳴板のような誰かを持てることである。

今週の自分変革宣言

❶ 私はお互いからくる素晴らしい力を感じる。
❷ 私は知識やリソースがグループの中で交換できると信じる。
❸ 私は自分を支援してくれるアカウンタビリティパートナーとつながりを持つ。

42週目

自分の直感を信じる

脳科学者は、無意識下に存在するデータベースが、1000万対1の割合で
意識下に存在するデータベースより大きいと推測している。
このデータベースは生まれ持っている隠された才能である。
言い換えれば、自分の一部は自分自身よりも頭がよいのだ。
賢い人は自分の中のさらに賢い部分に助言を求める。

マイケル・J・ゲルブ（心理学者、潜在能力開発の専門家）

幼少期の教育や訓練は自分たちの外側に答えを求めるよう教える。しかし、世界で最も成功している人たちは日々何かしらの瞑想方法を用いて彼らの内側に存在するリソースや知恵にアクセスする。

彼らの多くは直感を鍛え、心の内にある指示に従い、本能の言うことを信頼する術を身につけている。直感を使うことでよりよい決断をし、問題解決がより早くなり、クリエイティブな才能にアクセスし、他人の隠された動機を察知して勝てる戦略をつくり、新しいチャンスを視覚化し、よりお金を稼ぐことができるのである。

自分の内側に存在する自分につながることに集中しよう。外側ではなく内側に問題の答えを求めるのである。

しばらく話していない人のことを考えていたら、突然その人から電話がかかってきたことはないだろうか？　目標や自分の関わる計画を前に進めるアイデアを思いついたら、必要なリソースが奇跡のように自分の前に姿を現したことはないだろうか？

これらは直感が働いたのだ。自分の好きなときに直感に入り込む術を身につければ、より大きな目標を達成することができる。

生まれ持っている直感や未開発の知恵とつながるには、まず静かになる必要がある。一日の大半はとても忙しく、急いでいて、雑音に満ちている。逆に瞑想は気を散らすものを消し去り、直感を深めてくれる。それによって人は高次元から語りかけてくる声を認識することができるのだ。

瞑想している最中、そのような存在にこんな質問をするといい。

・次に何をすればいいか？
・この問題に別のアプローチはあるか？
・この仕事を選ぶべきか？

答えやアイデアが湧いてきたら、その情報を失わないように書き出そう。与えられたアイデアはすぐ実行に移そう。


自分を信じるということは、自分の直感を信じることである。より信頼すれば、より大きな成功が自分にもたらされる。

成功者は自分の内側に答えを求め、自分の直感を信頼するだけでなく、さまざまなことを心がけて生きている。心がけとは、現実に対して注ぐ、活動的でオープンで客観的な注意力の状態を指す。多くの時間を未来の目標やそれをどうやって達成するかに集中して過ごしていても、行動を起こし、成長志向の考えを維持するために、目の前にある現実に足をつけていることは絶対必要である。

直感を信じ、瞑想し、答えを認識することを覚え、内に答えを求めることは、自分を行きたい場所に連れていってくれるものに焦点を合わせる手助けをしてくれる。

今のところは、人生とはダンスであり、マインドフルネスとはそのダンスを見て楽しむために時間を割くこととだけ覚えておけばいい。今という現実の中で歩く速度を落としマインドフルになることは、きっと、より早く未来の成功を築き上げるための助けになるはずである。

今週の自分変革宣言

❶私は直感を育て、本能を信じ、心の声に従う。
❷私は高い次元にいる自分と、言葉、イメージ、感覚でつながる。
❸私は自分の本能に入り込み、より高いレベルで成功を収める。

43週目

人の話を
積極的に聞く

効果的に人の話をリスニングする技術は
明確なコミュニケーションに欠かせない。
明確なコミュニケーションは経営の成功に欠かせない。
J・C・ペニー（アメリカの大手百貨店チェーン創業者）

積極的リスニングは単なる聞く行為を大きく超越するものだ。集中力と注意力を必要とするのである。トーストマスターインターナショナルによると、単なる聞く行為と積極的にリスニングすることには4つの基本的なレベルがある。

1　**非リスナーは自分の考えに没頭している。言葉は耳に届くものの、何が言われているのかは聞き取らない。**

2　**消極的リスナーは言葉を聞くものの、その意味を吸収し理解しない。**

3　**リスナーは話し手に注意は注ぐものの、話されていることの一部しかとらえない。**

4　**積極的リスナーは話し手と話し手の動作に注意を注ぎ、言葉と「言葉の後ろにあるメッセージ」の意味を理解する。**

積極的にリスニングすることとは、新しいアイデア、チャンス、解決策を自分の認識下に取り込むことを可能とする。

積極的リスニングを習得しなければ、成功までにより時間がかかるだけでなく、成長し、学び、他人の尊敬を勝ち取る能力を減少させてしまう。

よいリスナーになるにはふたつの必要条件がある。ひとつ目はよく聞いて誤解を減らすことである。きちんと聞かなかったせいで、何かをやり直した経験はないだろうか？

やり直すことは会社にとっての損失であり、最悪の場合、自分が仕事を失いかねない。リスニングをしっかり行い、要求されていることを復唱して合意事項を確認する。

ふたつ目の条件は面白くなるのではなく、面白いと思うことである。一部の人は、常に自分が舞台の真ん中に立ち、自分の言いたいことを先に言い、自分を売り込み、自分の専門性と知性を言葉でひけらかすことが、他者との関係構築を成功させると思っている。しかし成功への道は謙虚さ、すなわち自分ではなく他者に焦点を当てることで舗装されているのだ。

私がダン・サリバンのコーチング・プログラムで学んだ、他人との信頼関係をいち早く築く素晴らしいテクニックを紹介する。相手に以下のことを尋ねてみるといい。

1　もし今日から3年後に会うとしたら、それまでの間にあなた自身がどれほど成長していればあなたは満足しますか？

2　その成長を達成するにあたって、直面し対処しなければならなくなるリスクの中で最も大きいものは何ですか？

3　達成するために集中しなくてはならない、またはつかみ取らなくてはならないチャンスは何ですか？

4　そのチャンスをつかみ取るために身につけていなくてはならない能力とリソースは何ですか？

これらの質問を相手に問いかけ、さえぎらずに話をさせよう。相手は物事を明確にするプロセスを体験し、あなたに話をよく聞いてもらった気分になるだろう。

今週の自分変革宣言

❶私は誰かの話を積極的にリスニングすることで深い満足感を得る。
❷私はリスニングする技術を実践する。
❸私は他人が気持ちを表に出すことに積極的に耳を傾ける。

44週目

自分の本心を話す

ほとんどのコミュニケーションは、
人が次の球で思いっきりスマッシュを決めようとしているだけの
卓球に過ぎない。

クリフ・ダーフィー（ハート・トーク創案者）

明治時代の日本に南隠全愚《なんいんぜんぐ》という禅師がいた。ある日、南隠のもとに大学教授が禅について話を聞くためにやってきた。南隠は茶を用意した。彼は客人の器が満杯になっても茶を注ぎ続けた。茶があふれる様子に我慢できなくなった教授は「もう入らんぞ」と言った。

南隠は言った。

「この器のようにあなたも満杯なのです。まず器を空にせずして、どうして私が禅を教えられましょう」

夢、希望、痛み、恐怖を人が表に出す機会のない家庭、会社、学校が多すぎる。あふれてしまいそうな状態では、人は話を聞くことはできない。人は何かを取り入れる前に、どこかで感情を解放させるはけ口が必要なのである。

誰かの言いたいことに耳を傾け、それを処理するための余裕をつくるには、まずは自分自身に正直になって、自分自身の悩みを心から取り除かなくてはならないのである。そのためには「ハート・トーク」が必要だ。

ハート・トークとは、2人から10人くらいの参加者が、8つの同意事項を厳格に履行するプロセスのことである。人が多すぎると信頼が薄れ、完了するまでに時間がかかってしまう。ハート・トークは創造性、チームワーク、イノベーションを抑圧するような気持ちや悩みを建設的に議論するサポートをしてくれる。

ハート・トークは非難されたり、誤解されたり、急かされたりする心配のない深いレベルのコミュニケーションの達成を容易にする。表に出せなかった感情を解放し、信頼、理解、親交を築くための強力な道具なのだ。

ハート・トークはさまざまな用途で使用でき、幅広い問題において解決策を見出すのに役立つ。ただし、なるべく傷が大きくなりすぎないうちに実践すべきである。

・家庭において敵意、不安、不信が漂っていると察知したとき。
・会社において解雇、合併、自然災害、同僚の死、社内の経済問題といった感情的になりがちな出来事が起きたとき。
・チーム、もしくは部署内で2人以上の人間の間に対立があるとき。

最初のハート・トークをする心の準備はできているだろうか？　以下が円滑に物事を進める方法である。

参加者全員で円になって座るか、テーブルを囲む。ガイドラインを説明する。必要ならば繰り返す。グループのリーダーがハート形のものを持つ。全員が話すのに必要な回数だけハートを回していく。ハート・トークは全員の話すことがなくなるまでハートが回れば自然に終わる。以下がガイドラインである。
・ハートを持っている人だけが話せる。
・自分が感じていることについてだけ話す。
・人の話に批判、言いがかり、からかいをしない。
・共有されたことは口外厳禁。
・言うことがなければパスできる。
・終わるまで出ていかない。
ハート・トークはグループに驚くべき変化をもたらす。皆が安心して感情を表現し、怒りや古傷を解放し、対立の解決、建設的アイデア、互いへの尊重と理解のための余地をつくり、グループの絆を強めるのである。

今週の自分変革宣言

❶私は自分の本心を伝えて、より深いつながりをつくる。
❷私はより深いレベルのリスニング体験をし、表に出せなかった感情を解放する。
❸私は怒りや古傷を自ら手放し、自由を感じる。

45週目

言いにくい真実こそ早く伝える

欺きに満ちた時代に真実を伝えることは革命的行為である。

作者不詳（英国の作家ジョージ・オーウェルの言葉といわれている）

真実を隠し、秘密を守り、演技を続けることはエネルギーを消費する。人はよく真実を告げることを避ける。気まずいことになるのがわかっているからだ。

人は誰も他人の気持ちを傷つけたくはないし、相手が気分を害して怒ってしまうことを恐れる。しかし誰も真実を告げないのなら、問題解決に取り組むことができなくなってしまう。人生のさまざまなエリアにおける成功に集中するために使えるエネルギーを捨ててしまうことになる。重要な情報を共有し、行動を起こすことで、もっと多くのことが達成できるのだ。

誰にとっても、最も共有しなくてはならないエリアが3つある。「募らせた怒り」「その怒りの根底にある満たされていない要求と欲求」「表にしていない感謝の気持ち」……この3つだ。

言いにくい真実を告げることは価値のある行為ではあるが、やはりどうしても難しい。他人の気持ちを傷つけたくないあまり、人は自分の本心を隠し、自分自身を傷つける。しかし別の方法があってもいいはずだ。人は変われるのだから。

真実を伝えるのに最適なタイミングはない。しかし後回しにせず、早く真実を告げることに慣れておくことは、成功するために身につけるべき最も重要なスキルのひとつである。

たしかに気まずいだろう。きっと相手は反応する。時には感情的になる。だが、できるだけ早く、思い立った時点で真実を伝える習慣を身につけるということは、誠実な行いである。あなたが信頼できる人間であることを人は理解するだろう。あなたの意図、目標、そして計画が誤解されることはなくなる。常にあなたの立場を理解しているからこそ、人はあなたを信用するだろう。

言いにくいことを言ったり、真実を告げたりすることにそんなポジティブな効果があるのなら、なぜ人はそれに躊躇するのだろう？　最もよくある言い訳は「誰の気持ちも傷つけたくない」である。

だが本当に避けているのは、相手が怒ったときの自分の気持ちだ。これは臆病者の手段である。真実を隠していると、いつか必ずしっぺ返しを食らう。長く隠せば隠すほど、他人に対しても自分に対しても不義理を働いているのである。

他人が自分に対して不誠実で真実を隠していたらいい気持ちはしないはずだ。他人もあなたが真実を隠していることを知ったら決していい気持ちはしないだろう。できるだけ早い段階で打ち明ければ、そのすべてを避けることができる。傷つけるようなことはせず、誠意を持って話そう。真実を告げる人間は周りから尊敬される。

早く真実を告げることについてもうひとつ言っておこう。他人に非難されることを恐れて躊躇していたら、いちいち自分の会話を慎重に管理し、誰が何を言われたのかを覚え、なぜ自分にできないのかというような言い訳まで考えなければならなくなる。単純に自分の理由を言い、先に進み始めることこそまさに自由そのものなのだ。とても力強く、自信が見事に現れた振る舞いだ。

できるだけ早く真実を伝えれば、自分や自分と一緒に暮らしたり働いたりしている人々が現実と向き合い、問題に対して実現可能な解決策を見つけることができる。そうしないと、真実に対処しないことで保たれる錯覚に囚われ続けることになってしまう。

今週の自分変革宣言

❶私は早めに自分の考えを明らかにし、真実を伝える習慣を実践している。
❷私は家庭や職場で互いに真実を伝えやすくしている。
❸私は現実と直面し、最高の解決策を見つけることができる。

46週目

他人の悪口を言わない

悪意のない言葉はあなたを私生活における自由、大きな成功、そして富へと導く。
あらゆる恐怖を取り払い、それを喜びと愛に変換してくれるのだ。
ドン・ミゲル・ルイス（メキシコの作家）

あなたの取るすべての行動はこの世界に影響し、あなたが誰かに対してするすべての発言はその人に影響を及ぼす。あなたは常に自分の言葉でポジティブかネガティブのいずれかの状況をつくり出しているのである。

自分の言葉をコントロールする力がなければ、言葉が自分をコントロールする力を持ってしまうことを成功者は知っている。成功するには言葉で人を引き裂くのではなく、育てなくてはならないことを知っているのだ。彼らは頭の中の考えや口にする言葉を十分に意識している。

言葉はあらゆる人間関係の基礎である。自分が人にどう話すか、人についてどう話すかは、その人との人間関係の質を決める。寛容で愛のある言葉を使えば、それが自分に返ってくる。蔑みと偏見に満ちた言葉を使えば、それが自分に返ってくる。

悪意のない話し方を身につけよう。他人の価値を肯定する真実の言葉を見つけよう。それができないなら何も話すべきではない。

人に何かを言うことの結果を考えたことはあるだろうか？　ネット上のいじめや陰口が蔓延する今日の世界において、他人の噂話を投稿したり、知らないうちに個人情報を晒してしまったり、軽蔑的なレッテルを貼ってしまったりすることは簡単に起こり得る。人が何気なく（もしくは悪意を持って）書くことは、ずっとネット上に残るのだ。

多くの場合は匿名で書かれるそんな言葉は他人を傷つけるだけでなく、自分の価値を下げる行為でもある。そういった悪意のある嫌な態度はそのうちネット以外の場所にも浸透し始める。

これこそ賢者たちが大昔から、噂話をしたり偏見を持ったり悪口を叩かないよう警告してきた理由である。そういった行いは自分自身も傷つける。なぜなら有害な思考の中に自分を閉じ込め、自分が望んでいるよい出来事が自分の人生に現れることを妨害してしまうからである。

誰かの悪口を言うときは、同時に自分の印象も悪くしている。次の悪口のターゲットは自分ではないかと誰もが思ってしまうからだ。

そんな結果を避けるために、他人の欠点を批判するのではなく、その人のポジティブな資質を認めることに焦点を向けよう。

悪意を持たずに話すことについて、とても大事なことを最後に言っておこう。嘘は言ってはいけない。仮にそれが誰も傷つけない「よい嘘」や、あえて何も言わないという嘘であったとしても。

嘘は自分を高次元の自分から遠ざけてしまう。加えて、発覚した際に他人が持つ自分への信頼を下げてしまう。実際、嘘は自尊心の低い人間の特徴でもある。人が自分に関する真実を知ってしまったら、その人が自分を軽蔑するという間違った考え方からくるものだ。

そしてそれは、残念ながら「自分は価値がない」と言っていることと同じなのだ。嘘をつくとき、人は真実を告げることで得られる結果に直面するのが怖いのだ。配偶者の感情的な反応、上司からの咎め、そして取引先から要求を断られるといったことに対処したくないのである。

なぜ嘘をつくという心理的混乱に自ら陥るのだろうか。なぜ嘘がばれたときの心配をするのか。なぜ意図的に嘘をつき、自分の自尊心が後退する苦しみを味わうのか。

それよりも、誠意と誠実さを持って話すことで安心するほうがずっとよいではないか。

今週の自分変革宣言

❶私は自分が使う言葉をしっかりコントロールしている。
❷私はポジティブな人間関係を築けるような言葉だけを口にする。
❸私は悪意なく話すことを決めている。私の言葉は他人の価値を肯定する力を持つ。

47週目

常に他人を称賛する

私が知るかぎり、どんなに社会的地位が高くても、人は批判されるときより称賛されるときのほうがよりよい働きをするし、より一層の努力をするものだ。

チャールズ・シュワブ（アメリカの実業家、USスチール社長）

ポジティブなフィードバックを受けすぎることに人は文句を言わない。人は前向きな評価に対しては、より一層の努力、さらなる支援、誠意、よりよい態度で応える。常に他人へのよい評価を実践する方法をいくつか紹介する。

1 「感謝ゲーム」をする。今行っている作業から手を離し、20分間、外で降っている雨から友だちが送ってきたメールまで、できる限り多くのことを称賛してみる。

2 感謝して毎朝を過ごす。5分から10分ほど、他人への感謝の気持ちを抱きながら過ごす。

3 他人を称賛することを目標にする。他の目標を設定するように、他人を称賛する目標を立てよう。

4 称賛する習慣をつける。優しい言葉やメールで定期的に感謝の意を示そう。

人はそれぞれ感じ方が違うから、称賛と愛情を伝えるためには異なるコミュニケーション方法を取らなければならない。コミュニケーション方法をいくつか紹介する。

1 熱中できる活動を一緒にやる。

2 贈り物をする。

3　手伝ってあげる。
4　物理的に触れ合う。

称賛の言葉を効果的に使うには、相手が何に価値を置いているか発見することが大切だ。その方法を紹介しよう。

1　その人が他人とどう交流しているかを確認する。その人の他人に対する振る舞いは、その人が何を重視するかを知る手がかりになる。

2　その人の愚痴に耳を傾ける。その人が他人や自分の置かれた状況に対してどんな不満を持っているかは重要な手がかりである。

3　その人の要求に注意を注ぐ。ハグを要求してきたり、車の掃除をしなきゃいけないと言ってきたり、ダイヤモンドのイヤリングよりも一緒に何かをするほうがいいと言ったりといったことである。

今週の自分変革宣言

❶私は他人への称賛を言葉にする。
❷私は他人への称賛をその人にふさわしい言葉で言い表す。
❸私は自分自身も称賛する。

PART 8

お金に関して積極的になろう

48週目

一流になる

すべての社会には「人間ベンチマーク」が存在する。
一部の個人の振る舞いが人々の模範とされ、
皆が憧れ模倣する輝かしい手本となる。
そんな一部の人間のことを人は「一流」と呼ぶ。
ダン・サリバン（アメリカの起業家）

どうすれば一流の人間として突出できるだろうか？　ダン・サリバンはこう言っている。

・自分に対し高い基準を持ち、それを維持する。自分にもっと要求しよう。例外などない。

・より大きく、より包括的な観点で動く。他人をより理解し、より同情できるようになることを目指そう。

・自分の行動と結果に対して100パーセントの責任を持つ。一流とは自分の行動の責任を取れる人間のことである。隠したり、他人のせいにしたり、言い訳などしない。

・いかなる状況でも価値あるものをその場に投じることができる。大きな目標を追うことは自分の成長を必要とする。世界に価値をもたらすのだ。

ダン・サリバンによる、その他の一流の振る舞いの証も見てみよう。

・他人の振る舞いを改善させられる。一流とはよい手本である。それにつられて周囲の人間も自分たちが驚くほどの高い意識で考え、行動し始める。

・プレッシャーがかかっても威厳と優雅さを忘れない。

・意地の悪さ、心の狭さ、下品さにもしっかり対応する。いかなる場合でも礼儀正しく、称賛、敬意、感謝、寛大な精神を忘れずに行動する。
・自分自身も含めすべての人間に対し、その人がふたつとない事情と、ふたつとない個性を持っている人間としてアプローチする。結果として、一流の人間は自分と他人の人生を向上させられる新しい方法を絶えず発見しているのである。

あなたの友だち、パートナー、同僚をよく見てみよう。彼らは一流だろうか？　もしそうでないなら、その違いはあなた自身を反映しているのかもしれない。一流の人間として生まれ変わる決意をし、今までとは違う種類の人々を惹きつけられるかどうか試そう。

態度の質を高め、振る舞いを向上させよう。あなたが一流になれば、人はあなたとビジネスをしたくなり、あなたの勢力圏に入りたがるだろう。彼らはあなたを成功している人間と見なし、品位を持って行動すると信じている。

一流であることは、自分に対しどう接するべきかを他人に示す。無論、真っ先に威厳、尊敬、尊厳を持って接するべき相手は自分自身だ。そうすることで、周囲の人間に対して、彼らも自分にそのように接するべきであることを教えるのである。

もしも自分が怠け者で、いつも遅刻していて、身だしなみが乱れていて、振る舞い方をあまり気にしない人間だったら、他の人も自分にそのように接するだろう。

もしあなたがダライ・ラマを自宅に招くとしたら、家の掃除を手伝ってくれる人を雇い、自分にできる最高の食事を用意しようとするのではないだろうか？　なぜ自分に対してもそうしないのか？

自分に対し高い基準を持ち、自分自身としっかり接し始めれば、自分の周りの人たちも自分に対してもっとよい態度で接してくれるだろう。

それだけではない。自分のように高い基準を持った人たちのいる場に招かれ始めるのである。

今週の自分変革宣言

❶私は威厳と尊敬を持って自分自身や他人と向き合う。
❷私は礼儀正しく、感謝の気持ちを忘れず、寛大な精神を持つ。
❸私は他人を常に高く評価する。

49週目

お金に関して
ポジティブになる

金欠は問題ではない。そんなものは
自分の中で起きていることの症状でしかない。
ハーブ・エカー（自己啓発作家）

金銭的な成功は思考から始まる。ところが、お金に関してネガティブな考え方を持つ人が多いのが実情だ。子どものころに信じた話を大人になっても真実だと思い込んでいる。そして大人になってからの体験は多くの場合、思い込んでいることを裏付けるのである。たとえばこんなことだ。「お金を稼ぐのは難しく、それを管理するのはさらに難しい。富とは自分のような人間が得るものではない。人生はつらい」

より多くのお金を得るカギは、お金に対する意識をよりポジティブな心構えに変化させ、そのうえでより多くのお金を自分の人生に運び入れること、そして賢く管理することである。

この本で学んだ原理を応用すれば、徐々に自分の心構えを変化させ、ポジティブな金銭意識を身につけることは容易だ。

お金を稼ぐためにあなたは何ができるだろうか？　日々の瞑想はずっと見逃していた富の蓄積方法について何を明らかにするだろうか？　裕福な人たちのように考えるようになるために、メンターやコーチを雇うことはできるだろうか？

幼少期、もしくは少年期に、親や教師といった人たちからお金について何を学んだだろうか？　そういった教えの中に、自分の金銭的成功を妨害しているものはないだろうか？
たとえば次のような間違った教えだ。
・金持ちは貧しい人たちを搾取することでお金を稼いでいる。
・自分に楽器を買い与えるために、自分を私立の学校に通わせるために、自分にスポーツを本格的にやらせるために、親が犠牲になってくれた。

そんな思い違いを頭の中から消し去ろう。より大きな富と収入を追い求めるには何をすることが必要だろうか？

以下に記した強力な3つのステップを使って、自分の限界をつくり出している考え方を変えよう。

1　お金に関して自分の妨げになっている考え方を書く。
「お金をつくるにはお金が必要だ」
2　正しい意見でそれに反論する。
「ちゃんとしたビジネスのアイデアがあれば、自分が事業を始められるだけの資金を人は投資してくれる。500ドル以下で始められるビジネスはたくさんある。会社が無償で開催している経営研修プログラムに参加すれば昇進と昇給が望める」

3　ポジティブな逆転的意見を考える。

「お金を稼ぐために必要なものはすべて何のコストも伴わずに自分の前に姿を現している」

3の宣言を一日に何回か、情熱を込めて大きな声で言うことを最低30日は続けよう。それができれば一生あなたのものになる。

最後に、ビジュアライゼーションの力を使って、自分の望んでいるものを自分が楽しんでいる姿を思い浮かべよう。まるですでにそれを持っているかのように。

今週の自分変革宣言

❶私はお金についてポジティブな考え方をする。
❷私は自分の人生のために必要なお金を稼ぐ。
❸私はお金を得て幸せを感じ、自由に夢を見ることができる。

50週目

豊かになることに焦点を定める

もし富への燃え上がる欲望があなたの中に生まれなければ、
富が実際に生まれることはないだろう。
富を獲得するための目的を明確に持つことが富の獲得には不可欠だ。

ジョン・デマルティーニ博士（自力で成功した億万長者）

もしあなたがより豊かなお金の流れを楽しみたいと思い、投資のための資金を持っているなら、いますぐ、心の最も奥底から、富を蓄積することを決意しよう。

どうやって成し遂げるかはまだ気にしなくていい。最初の住宅購入だろうと、売上目標の達成だろうと、事業の立ち上げだろうと、競争に勝つことだろうと「集中するものは手に入る」というルールは人生のほとんどすべてに当てはまる。富の獲得となると特にそうなのだ。

金持ちになる第一歩は金持ちになるという決意を固め自覚することだ。次の一歩は、「富」と裕福な生活というものがあなたにとってどんな意味があるかを決めることだ。3週目の「なりたいもの、したいもの、ほしいものを決める」のところで経済的な目標を明確にし、すでに将来像が描けているだろうか。

まだそうしていない場合は、今すぐ決めることにしよう。ほしいものがわからず、目標を立てず、成功を思い描けなければ、富を築くという領域での成功はあまり期待できない。

あなたが夢見る生活に現在どれくらいの費用がかかるか知っているだろうか。または、将来の費用はどうだろう。理想の生活に向けて計画を立てるために、現在の費用を調べ、将来の費用を推計する必要があるだろう。

たいていの人がぜいたくな暮らしがしたいと言うが、それがどんな暮らしなのか本当に明確にしたことはないものだ。今すぐやってみよう。

やりたいことを何でもやり、ほしいものを何でも手に入れるのにかかる費用を確認しよう。ぜいたくな住居、食事、洋服、保険、車、慈善事業、休暇のためのお金が必要になるだろう。しかも継続的な投資や倹約とは別に、である。

そういう活動や所有物を詳細に思い描き、それらにどれくらいの費用が必要か調べてみよう。たとえば、ヨットがほしいという人は多いが、ヨットに実際にかかる費用については知らないものだ。メンテナンス、保険、燃料、ひょっとすると乗組員も必要だ。

退職したとき、または退職するとしたら、現在の、またはグレードアップした生活スタイルを維持するのにどれほどの費用が必要になるかはっきりさせよう。

経済的に成功するには、自分の現在の状態と、どうなりたいか、そこに至るには何が必要かを正確に知る必要がある。

もし、投資資金がなければ、ファイナンシャルプランナーに相談しよう。そして投資の仕組みや、どのくらい投資すれば安定した退職後の生活が実現するかを学習していこう。

生涯の十分に早い時期に始めれば、大金持ちになり得る可能性はかなり高くなる。実際、大金持ちの99パーセントの人たちが几帳面な貯蓄家であり投資家なのだ。彼らの大半は勤勉に働き、予算内で暮らし、収入の10〜20パーセントを貯蓄し、そのお金をビジネスや株式市場や不動産に投資したのである。

給料の中から何パーセントかを天引きして投資に回すように手配しよう。そうすれば、毎月ごと決断しなくても済む。

今週の自分変革宣言

❶ 私は豊かになりたいと願いそれが実現することを信じる。
❷ 私は将来の生活に投資するためにするべきことに集中する。
❸ 私は稼いだお金の一部を取っておく。

51週目

お金を使う前に稼ぐ

あまりにも多くの人が、好きでもない人たちの関心を引くために、
ほしくもないものを買い、自分で稼いでもいないお金を使っている。

ウィル・ロジャーズ（アメリカの作家）

成功した人たちはお金との付き合い方をよく知っている。彼らはほしいものを安く買い、収入以下の生活をし、目的を達成するためにできるだけお金を使わないようにしている。

経済状態にかかわらず、たとえ希望がないように見えても、事態を変えることはできる。もし頑張って最後まであきらめなければ、借金なしでいられ、もっと貯蓄することができる。

集中すれば奇跡的なことが人生で起こるのを目の当たりにし始めるだろう。消費と浪費から、すでに持っているものを楽しみ感謝することへと集中するようにすれば、ますます事態は好転するだろう。

あなたは去年どれくらいのお金を使ったか知っているだろうか。

自己発見のよい練習を次に紹介する。

家中の部屋に入って、引き出し、タンス、戸棚をくまなく調べてみよう。そして前年に使わなかったあらゆるものを取り出そう。洋服、おもちゃ、電化製品、手づくり品、台所用品など何でも。

それらをすべて居間かガレージに置いて、それぞれの品の値段を合計する。かなり大きなショックを受けるのでは？

使いすぎは経済的な破綻を招く。消費ばかり考えていると、借金に陥り、十分な貯蓄ができず、蓄財のための計画は出遅れる。浪費癖を抑えるひとつの方法は、すべて現金で支払うことだ。

次に、生活にかかる費用を減らそう。生活の仕方を意識するとどれくらい節約できるか驚くことだろう。最高の質のものやサービスを格安の値段で手に入れることを楽しもう。そして、創造的な節約家になろう。

正しい方向にあなたを導くために、さらにいくつかのアドバイスをしよう。借金をやめよう。まず最少額の借金から返済して、時間をかけて返済額を増やしていこう。住宅ローンとクレジットカードは早く完済することだ。さあ、計画ができた。

常識からして、お金を増やすにはふたつの方法しかない。使うのを減らすか稼ぐのを増やすことだ。

どれくらい稼ぎたいかがはっきりすれば、その額を稼ぐためにどんな製品、どんなサービス、どんな付加価値を届けられるか決めることができる。

今週の自分変革宣言

❶私は借金がなく、ほしいものに賢くお金を使う。
❷私はすでに持っているものを楽しむ。
❸私はもっと多くのお金を稼ぐ新しい方法をいつも考えている。

52週目

もっと分かち合い、もっと奉仕する

与えなさい。そうすれば与えられるだろう。
（新約聖書）

歴史を通じて、世界で最も金持ちの人たちや最も成功した人たちはまた、最も寛容な提供者でもあった。

たとえば、実業家のアンドリュー・カーネギーは世界中の貸し出し文庫に出資し、ついに世界中で35以上の施設を建てた。ここから、のちに現代の図書館の仕組みができたのだ。

『こころのチキンスープ』シリーズの最初の本が出版されて以来、私と共著者のマーク・ヴィクター・ハンセンは、人道主義団体や環境保護団体に利益の一部を寄付してきた。このシリーズは大成功を収めたので、私たちは何百もの慈善団体に数百万ドルの寄付をすることができた。

他者と分かち合うことから利益を受けると提供者たちは言うが、それでも多くの人は分け与えること、つまり、お金や時間を宗教組織や慈善団体に寄付すると決断するのは難しいと考えている。しかし、分け与えることは最も繁栄を保証するもののひとつである。なぜなら、分け与えることで神の普遍的な力があなたのためにきちんと働き、あなたと豊かな神との絆が結ばれるからだ。

時間とお金を与えれば、そのたびに自身の人生がより豊かになっていく。

お金を稼ぎ帳簿をつけることは楽しく心躍ることかもしれないが、もっと広い視野を持つことが重要だ。収入が高くても、それによって人生における充足感を味わうことはできない。富のための富は強欲につながる。

私はダラス・カウボーイの創設者マーチソン・ジュニアのこの言葉が好きだ。

「お金は肥料のようなものだ。広く周りにまけば多くのよいことをしてくれるが、ひとつのところに積み上げれば、ひどい悪臭がする」

あなたの成功と富を他者と分かち合うとき、さらに大きな成功が得られる。より多くの人が恩恵を受けるからだ。


「他者を助ければ、自分を助けることができる」これはアメリカの思想家ラルフ・ワルド・エマーソンの言葉だが、そのとおりだ。


無償奉仕の方法を探る人たちは、彼らの人生において、深い内的な喜びとともに、最も高い段階の満足感と達成感を経験する。

無償で奉仕するとき、与えるよりずっと多くのものを受け取ることになる。よりよい健康やより大きな人生の満足感といったものだ。

さらに、無償奉仕にはもうひとつの利点があり、それは、すでに成功した人や成功の途上にある人たちにとって「特別手当」のようなものだ。

無償奉仕をすることによって、それをしなければ決して知り合えないあらゆる種類の人たちに出会うことができる。ネットワークを築くことは成功へのカギのひとつなのだ。

またよくあることだが、奉仕のときに出会う人たちは、仕事や地域での転機を与えてくれる人たちでもある。こういったつながりこそ、思いがけない報酬だ。

結論は、与える人が与えられるということだ。この世界は、受け取る人より、与える人に一層肯定的に応えてくれる。だから自分に問いかけよう。何を与え、分かち合い、分け与えることができるだろうか。

今週の自分変革宣言

❶私は時間とお金を与えるたびに他者を助け、自身の人生がより豊かになる。
❷私は稼いだものはすべて、その一部を喜んで分け与える。
❸私は他人に喜んで奉仕する。

1週間に1つずつ
人生が変わる 自分変革宣言

発行日　2019年2月22日　第1刷

Author　ジャック・キャンフィールド

Translator　弓場隆(翻訳協力:森本幸太郎)

Book Designer　竹内雄二

Publication　株式会社ディスカヴァー・トゥエンティワン
〒102-0093　東京都千代田区平河町2-16-1 平河町森タワー 11F
TEL　03-3237-8321(代表)　03-3237-8345(営業)
FAX　03-3237-8323
http://www.d21.co.jp

Publisher　干場弓子
Editor　藤田浩芳

Marketing Group
Staff　清水達也　小田孝文　井筒浩　千葉潤子　飯田智樹　佐藤昌幸　谷口奈緒美　古矢薫　蛯原昇　安永智洋　鍋田匠伴　榊原僚　佐竹祐哉　廣内悠理　梅本翔太　田中姫菜　橋本莉奈　川島理　庄司知世　谷中卓　小木曽礼丈　越野志絵良　佐々木玲奈　高橋雛乃

Productive Group
Staff　千葉正幸　原典宏　林秀樹　三谷祐一　大山聡子　大竹朝子　堀部直人　林拓馬　塔下太朗　松石悠　木下智尋　渡辺基志

Digital Group
Staff　松原史与志　中澤泰宏　西川なつか　伊東佑真　牧野類　倉田華　伊藤光太郎　高良彰子　佐藤淳基

Global & Public Relations Group
Staff　郭迪　田中亜紀　杉田彰子　奥田千晶　連苑如　施華琴

Operations & Accounting Group
Staff　山中麻吏　小関勝則　小田木もも　池田望　福永友紀

Assistant Staff
俵敬子　町田加奈子　丸山香織　井澤徳子　藤井多穂子　藤井かおり　葛目美枝子　伊藤香　鈴木洋子　石橋佐知子　伊藤由美　畑野衣見　井上竜之介　斎藤悠人　宮崎陽子　並木楓　三角真穂

Proofreader　文字工房燦光
DTP　株式会社RUHIA
Printing　中央精版印刷株式会社

ISBN978-4-7993-2433-2